# 中国出口之谜

The Mystery of China's Exports
decoding global value chains

## 解码"全球价值链"

邢予青 著

生活·讀書·新知 三联书店

Copyright © 2022 by SDX Joint Publishing Company.
All Rights Reserved.
本作品版权由生活·读书·新知三联书店所有。
未经许可，不得翻印。

#### 图书在版编目（CIP）数据

中国出口之谜：解码"全球价值链"／邢予青著．—北京：
生活·读书·新知三联书店，2022.7（2023.5 重印）
ISBN 978-7-108-07308-2

Ⅰ.①中… Ⅱ.①邢… Ⅲ.①出口贸易-研究-中国
Ⅳ.①F752.62

中国版本图书馆 CIP 数据核字（2021）第 225745 号

| | | |
|---|---|---|
| 责任编辑 | 何　奎 | |
| 装帧设计 | 薛　宇 | |
| 责任校对 | 张国荣 | |
| 责任印制 | 董　欢 | |

出版发行　生活·讀書·新知 三联书店
　　　　　（北京市东城区美术馆东街 22 号 100010）
网　　址　www.sdxjpc.com
经　　销　新华书店
印　　刷　北京隆昌伟业印刷有限公司
版　　次　2022 年 7 月北京第 1 版
　　　　　2023 年 5 月北京第 4 次印刷
开　　本　635 毫米 × 965 毫米　1/16　印张 15.25
字　　数　156 千字　图 42 幅
定　　价　60.00 元

（印装查询：01064002715；邮购查询：01084010542）

前　言 ··· 1

第一章　导　言 ··· 7

第二章　1980—2018年间的中国出口奇迹 ··· 31

第三章　全球价值链：中国出口爆炸性增长的催化剂 ··· 53

第四章　全球价值链视角下的中美贸易失衡 ··· 95

第五章　全球价值链：
　　　　弱化人民币汇率传导机制的新变量 ··· 127

第六章　中国成功融入全球价值链的外部因素：
　　　　支持性的政策环境 ··· 151

第七章　全球价值链与中国手机行业的崛起 ··· 171

第八章　贸易摩擦与新冠疫情大流行：以中国为中心的全球价值链上的挑战 ··· 199

参考文献 ··· 229

# 前言

在过去的40年里,有两个重要现象对世界经济产生了巨大影响。第一个现象是,中国这个最大的发展中国家,变成了全球出口的冠军,世界高科技产品出口第一大国;第二个现象是,国际贸易已经演变为以全球价值链为主导的任务贸易。

这两种现象的形成密不可分。一方面,中国与世界经济的紧密融合,为跨国公司提供了向中国延伸价值链和利用中国庞大廉价的劳动力的绝佳机会;另一方面,全球价值链为中国制造/组装产品进入国际市场,提供了一条捷径。中国企业深度参与全球制造业的价值链,极大地加速了中国的工业化进程,推动了中国出口的快速增长。

当中国在2009年超过德国,成为世界上最大出口国时,中国只是一个人均GDP不到4000美元的中等收入国家,中国的GDP还不到世界最大经济体美国的一半。中国成为世界第一大出口国这一卓越成就,是中国在20世纪70年代末主动向世界开放后短短的30年内完成的。因此,毫不夸张地说,中国成为世界第一大出口国，是世界经济发展史上前所未有的事件，近乎奇迹。

为解释这一出口奇迹，中外学者提出了许多理论。这些理论大多侧重于分析中国在劳动密集型产品方面的比较优势、中国实施的一系列经济体制改革、人民币汇率制度、国内外贸易自由化进程，以及出口导向型外国直接投资等因素。本书对中国出口奇迹形成原因的讨论，完全超越了这些主要强调贸易壁垒和产品成本的理论。本书在全球价值链的框架下，分析了中国出口奇迹的形成，阐释了中国企业与外国跨国公司在全球价值链上的合作与分工的重要性。本书从高科技产品生产和加工出口的具体价值链分析入手，揭示了中国出口与全球价值链之间的内在联系、中国企业在全球价值链上主要从事的任务，以及全球价值链推动中国出口快速增长的机制。基于大量案例和实证结果的分析表明，中国企业深度参与发达国家跨国公司主导的全球价值链，是中国制造/组装产品在全球市场上取得巨大成功的重要因素。价值链主导企业的品牌、技术和产品创新，以及全球批发和零售网络的溢出效应，系统地消除了中国制造/组装产品进入国际市场的传统壁垒，从而极大地促进了中国产品向发达国家和发展中国家市场的大规模渗透，培育了中国出口奇迹。在相当大的程度上，中国制造/组装产品在世界范围内之所以广受欢迎，并具有独特竞争力，归功于中国企业深度参与全球价值链，归功于全球价值链的溢出效应。

随着全球价值链在世界范围内的扩散，传统的货物贸易已经被任务贸易所取代。现代贸易和产品制造，是由位于不同国家的企业分工合作，共同向全球市场消费者提供最终制成品的过程。

前言

因此,在全球价值链时代,单一国家的比较优势,是不能决定其在价值链上生产和交易产品的国际竞争力的。过去几十年,中国已经成为全球制造业价值链的主要中心。从全球价值链的角度进行考察,中国的贸易格局及其出口奇迹的根源,会显示得更加明显和清晰。与日本和"亚洲四小龙"代表的东亚奇迹相比,中国企业参与全球价值链的范围和规模都是空前的,这构成了过去40年中国发展模式的显著特征。

这是第一本从全球价值链的角度,而不是从古典的比较优势理论、经济体制改革和贸易自由化的角度,系统地解读、分析中国出口奇迹的书。全球价值链分析方法,为围绕这一奇迹的诸多谜团提供了合理的解释:例如,为什么中国一度占到美国货物贸易逆差的一半?中国是一个发展中国家,为何它能超越美国、日本和欧盟27国,成为世界高科技产品第一大出口国?中国在没有一个全球知名时尚品牌的情况下,为何能成为全世界最大的服装出口国?

全球价值链在产品制造和国际贸易中的主导地位,也对计算价值链贸易的传统贸易统计方法的可靠性提出了挑战。例如,目前的贸易统计,无法追踪无工厂制造商的国际贸易活动。无工厂制造商,例如苹果公司,在国际市场上获得的收益主要来自无形资产和服务。这些无形资产包括品牌、产品设计、软件、专利技术和供应链管理技术等,往往是嵌入在由合同制造商制造/组装的实物产品中的,而不是单独拿出来,以特许权的方式租赁给其他企业使用的。以中美贸易为背景,本书从两个角度分析了传统贸易统计是如何扭曲中美贸易平衡的。第一个角度是中国出口产品中包含的外国增加值;第二个角度是美国无工厂制造商苹果公司、耐克公司、高通公司和 AMD 公司,从中国市场上销售的产品中获得的归属于其无形资产的增加值。第一个角度,解释了中国对美出口和贸易顺差,是如何被传统贸易统计夸大的;第二个角度,则论证了在全球价值链时代,传统贸易数据大大低估了美国对中国的出口。本书还讨论了汇率对价值链贸易的影响被弱化的现象,并揭示了汇率影响价值链贸易的新渠道。

全球价值链本质上是企业层面的一种微观现象。为了让读者了解全球价值链对促进中国出口的关键作用,以及中国出口奇迹对全球价值链的路径依赖,本书分析了中国企业参与 iPhone、笔记本电脑,以及高科技产业等具体价值链和加工出口的情况,揭示了中国企业与跨国公司在价值链上的国际分工。本书还以加工出口贸易统计数据为基础,量化了中国出口对全球价值链的依赖度。这种直接测算方法,不仅避免了国际投入产出表方法的技术复杂性,更为重要的是,它保留了全球价值链组织结构的基本特征。与被广泛使用的、利用经济合作与发展组织的附加值贸易(TiVA)数据库定义的全球价值链参与指数相比,本书的这种量化方式,能更准确和直观地估计中国出口参与全球价值链的程度。

目前,中国是世界上最大的手机组装国,全球五大智能手机品牌中有三个是中国的。中国手机产业的崛起和成功,说明参与全球价值链,有利于发展中国家开拓国际市场,尤其是蓬勃发展的新兴信息和通信技术市场。本书通过透视手机全球价值链,追溯了中国手机产业的发展路径。中国企业从为外国手机品牌商组装手机开始，逐步向高增加值的细分市场发展，最终培育出能够与三星、苹果等国际品牌竞争的本土品牌：华为、小米和OPPO。在获得操作系统设计、手机芯片组生产等核心技术能力之前，这些中国企业就跳跃到发展品牌的阶段，并最终成为世界市场上手机产业链主导企业，建立了由自己组织和领导的全球价值链。这种非线性的技术进步和创新路径，体现了全球价值链战略，为发展中国家实现追赶目标提供了灵活性。

过去40年是全球价值链发展的黄金时代。追求经济效率，几乎是昔日全球价值链在各国蓬勃发展的唯一动力。前所未有的全球化，也为中国企业嵌入全球价值链、采取全球价值链发展战略创造了良好的环境。这一切都极大地推动了中国经济的快速增长和工业化。然而，持续不断的中美贸易摩擦，却暴露了以中国为中心的全球价值链的脆弱性。华为等中国高科技公司，过去一直利用全球价值链战略进行发展，美国公司垄断的技术已经成为它们供应链中不可缺少的一部分。美国政府对华为等中国高科技公司的制裁，直接威胁到这些公司供应链的稳定性。随着贸易摩擦演变为技术摩擦，中美之间可能出现技术脱钩，这就意味着现有的全球价值链将进行重大重组，中国企业的发展战略将回归内向型，尤其是在高科技发展方面。中美贸易摩擦引起的不确定性，随着COVID-19（新型冠状病毒肺炎）疫情在全球泛滥而变得更加复杂。COVID-19疫情扰乱了全球价值链的平稳运行。当所有国家都面临突如其来的健康危机，并出现急需的抗疫产品和药品短缺时，利用全球价值链生产基本药物和个人防护设备的战略，也受到了质疑。当越来越多的主权国家开始追求医疗用品自给自足时，为了国家安全而收缩全球价值链，可能是未来不可避免的趋势。本书的最后一章，讨论了在中美贸易摩擦和COVID-19大流行之后，以中国为中心的全球价值链重组的可能轨迹。

本书的初稿，是我在2019年5月至2020年6月学术休假期间，访问新加坡国立大学东亚研究所时完成的，汇集了我对全球价值链长期研究的成果。研究全球价值链是我十年前就开始的旅程。2020年4月初，新加坡政府为了遏制COVID-19的传播，实施了"断路器"行动。此后，我基本上把自己锁在了新加坡国立大学的公寓里，直到当年6月底回到东京。具有讽刺意味的是，这次闭锁迫使我专心写作，提高了工作效率。中国政府对武汉实施封城后，引发许多国家工厂停工的多米诺骨牌效应。这让我更加相信，全球价值链对中国出口增长的促进作用。

我非常感谢日本国立政策研究大学院大学，准许我进行一年的学术休假，使我能够专心致志地进行本书的写作，并顺利完成初稿。在东亚研究所访问期间，我与那里的同事进行了多次讨论。他们大部分是中国研究学者，这些讨论使我受益匪浅。在此，我要特别感谢东亚研究所主任、前世界银行中国区主任霍夫曼教授对本书的支持。

我在亚洲开发银行研究院的前同事和老朋友John West先生，是本书手稿的第一位读者。我感谢他提出的富有洞察力的意见。这些意见促使我增加了讨论中美贸易摩擦和COVID-19对全球价值链重构的影响一章。

第一章

导 言

如今，无论是在发达国家还是发展中国家，"中国制造"在市场上无处不在。毫不夸张地说，我们在世界任何地方的商店里，都可以找到中国制造的商品。在东京、纽约、悉尼、巴黎，只要你能想到的地方，中国产品都是当地居民日常生活中不可缺少的。如果一些外国的爱国消费者试图避开中国产品，他们的日常生活将会变得相当痛苦。美国记者 Sara Bongiorni（2008）在她的《没有"中国制造"的一年》一书中，记录了她的家庭在一年之内不用中国制造的商品后遇到的困境。在这一年里，她的家庭花费了大量时间去寻找非中国制造的商品，并在这些商品上花费了过多的钱。结果，她的孩子们的生日聚会由于没有蜡烛，不能玩任何游戏；他们度过了一个没有传统装饰品的圣诞节——因为他们找不到任何非中国制造的装饰品。这一年的痛苦经历让Bongiorni女士得出一个结论：如今，没有"中国制造"的生活几乎是不可能的。

40年前，中国是一个中央计划经济国家，几乎与世隔绝。

"独立自主、自力更生"不仅是一个政治口号，更是指导中国政府官员制定经济计划的基本原则。1978年实行的改革开放政策，标志着中国经济发展模式的根本转变。经过40年的高速增长，中国已经成为世界第一大出口国，每年的商品和服务出口额超过2万亿美元，这是一个了不起的成就。我想对外开放政策的总设计师邓小平，当时也想不到，在30多年的时间里，中国会超越日本、美国、德国，成为最大的出口国和全球制造业中心，中国企业可以为全世界提供各种各样的产品——从鞋、T恤、毛衣等劳动密集型产品，到智能手机、笔记本电脑、无人机等高科技产品。

据著名经济增长史学者安格斯·麦迪逊（Angus Maddison, 2001）推算，公元1500年，古代中国是世界上最大、最繁荣的经济体，约占世界国内生产总值（GDP）的四分之一。古代中国是在封闭状况下实现了经济繁荣。这个繁荣与国际贸易无关。在21世纪的今天，中国又恢复了16世纪的经济辉煌，发展成为一个14万亿美元的经济体，位居世界第二，仅次于美国。然而，这一巨大经济成就，是在中国主动开放国门与世界融合，采取出口导向的增长战略之后实现的。它是开放型经济体制下实现的经济繁荣。

出口一直是中国经济最重要的增长引擎之一。过去40年中国出口的爆炸性增长，对中国经济持续增长发挥了核心作用。发展经济学家和中国的观察家们，试图解释中国出口急剧增长的原因，并找出促使中国出口能够广泛地渗透到全球市场的关键因素。他们在学术期刊、杂志和报纸上发表了大量此类研究和文章。这些研究认为,促成中国出口奇迹的主要因素包括:中国在劳动密集型产品方面的比较优势;中国政府促进出口的政策;人民币与美元挂钩的固定汇率制度;出口导向的外国直接投资的流入;中国加入世界贸易组织(WTO);全球贸易自由化的进步;等等。毫无疑问,所有这些因素都帮助中国从封闭型经济转向开放型经济,大幅提高了中国出口的增长率,促进了中国制造产品向国际市场的渗透。然而,这些因素远远不足以解释:为什么中国这个发展中国家能够成为世界第一大高科技产品出口国?为什么美国将近一半的贸易逆差源于中国,而中国的GDP还不到全球GDP的15%?为什么中国制造的产品,比其他发展中国家和发达国家的产品都更有竞争力?

事实上,在国际市场上销售的大多数中国制造产品,都是以外国品牌销售的。到目前为止,即使是在鞋、玩具、服装等这些被公认为中国具有比较优势的劳动密集型产品中,中国企业依然没有培育出得到国际市场认可,并能够与耐克、ZARA、优衣库等竞争的品牌。一个引人深思的问题是:如果没有外国品牌,中国的商品出口量,能达到今天的水平吗?尽管过去40年中国经济发展迅速,但中国仍处于追赶阶段,依然是一个中等收入国家。2019年中国人均GDP突破1万美元大关,但是,它依然不到美国的五分之一。在中国劳动力中,只有不到20%的人受过大学教育。中国本土企业在技术上很少是处于世界领先地位的。那么,在美国被公认为具有比较优势的高科技产品领域,中国怎么会对美国有1300多亿美元的贸易顺差呢?诸如此类问题,强调劳动生产率或者资源禀赋比较优势的传统贸易理论，是无法回答的。要想清楚地理解中国出口奇迹，我们必须走出古典的比较优势理论、汇率制度以及贸易自由化的框架，研究中国出口产品的生产组织方式，分析中国出口产品进入国际市场的渠道，探索中国出口产品中蕴含的核心技术的来源。

仔细研究中国出口产品，特别是对美国出口的产品的生产过程，我们就可以发现，中国的出口产品主要是沿着全球价值链制造和销售的。过去几十年，全球价值链给国际贸易的商业模式、国家的比较优势以及国际贸易的组织方式带来了革命性的变化。正如 Grossman 和 Rossi-Hansberg（2008）所描述的，今天的贸易已经向前发展，它与 200 年前英国经济学家李嘉图（David Ricardo）所讨论的以布换酒的古典贸易有着本质的不同。21 世纪的国际贸易，已经从商品贸易发展到了任务贸易。目前，几乎所有制造产品，都是在全球价值链上生产和交易的。在价值链上，许多位于不同国家的企业集体参与了从研究、开发、零部件生产、产品组装，到最终将产品销售给全球市场上的终端用户的各种任务。跨国公司的技术创新和基于生产与组装任务的外包活动，不断引导和扩大了全球贸易，颠覆了传统的区域贸易格局和平衡。

全球价值链的出现，彻底改变了出口导向型经济增长的性质和范围。它导致了世界经济格局中国际分工的演变：从商品和产业层面上的分工，进化到更为细化的同一产品层面上的任务分工。用 Richard Baldwin 教授（2018）创造的一个术语来说，世界

第一章 导 言

经济已经进入"第二次拆分"(second unbundling)。全球范围内生产过程的分割,为中国企业参与价值链、利用全球价值链的溢出效应,提供了众多机会。在很大程度上,中国出口产品向国际市场的成功渗透,是由全球价值链推动的。在全球价值链上,中国企业承担低技术的标准零部件生产和产品组装等任务,而价值链的主导企业则负责研发、产品设计、品牌推广和市场营销。一般来说,企业在国外市场销售产品,会面临各种固定成本,例如分销渠道的建立、对国外法规和消费者偏好的了解、产品宣传广告的制作等。这些固定成本通常是企业向国际市场出口产品的一个障碍。然而,中国企业通过参与由外国跨国公司组织和管理的全球价值链,就可以利用这些跨国公司的知名品牌、先进技术与全球批发和零售网络,成功地规避传统的市场进入障碍。因此,全球价值链实际上是中国制造产品进入全球市场的一个新捷径。

跨国公司组织和管理的全球价值链,具有三种溢出效应。这三种溢出效应,是中国成为世界第一大出口国、世界高科技出口冠军的决定性因素。第一种溢出效应,来自全球价值链主导企业拥有的品牌。中国企业以合同制造商的身份加入全球价值链后,就可以以国际公认的品牌销售自己制造的产品。这些国际知名品牌的标签,显然提高了中国制造产品对国外消费者的吸引力,增强了它们在国际市场上的竞争力。第二种溢出效应,来自全球价值链主导企业的技术和产品创新。发达国家跨国公司的技术和产品创新,不断培育出新市场,创造出新的需求。然而,任何高科技产品的生产,不仅需要高增加值的零部件和服务,也需要低增加值的零部件和服务。中国企业通过参与全球价值链，例如 iPhone 的价值链，专门从事低增加值的工作（例如组装，生产电池、天线等低技术配件），就可以自动融入高科技产品的价值创造过程中，并从全球消费者对这些产品快速增长的需求中获益。全球价值链的第三种溢出效应，来自全球价值链主导企业建立的全球批发和零售网络。作为外国跨国公司的指定供应商，中国企业获得了利用这些基础设施，进入国际市场的便利条件。它们的产品可以通过价值链主导企业建立的批发和零售渠道进行销售。除了目前主流观点经常强调的低成本优势外，这三种溢出效应是决定中国出口奇迹的关键因素。

全球价值链，不仅为中国企业打开了进入国际市场的大门，也为中国快速实现工业化提供了一条新路径。全球价值链主导企业的离岸外包和海外直接投资，为类似中国这样的发展中国家，带来了需要几十年才能在国内形成的技术和生产能力。更为重要的是，一个企业一旦加入全球价值链，就像进入了一条动态的学习曲线。参与全球价值链后获得的学习机会，大大提升了中国企业创新和升级的能力。装配手机、缝制牛仔裤、缝制鞋子等低增加值的工作，是中国企业最初参与全球价值链的切入点。有些学者担心，发展中国家的企业可能会掉入全球价值链的"低增加值陷阱"，原因是它们不具备必要的学习能力，或者是价值链主导企业不向非主导企业传授生产诀窍和技术（Sturgeon 和 Kawakami, 2011）。但是，中国企业在各个行业的技术升级现象令人印象深刻，表明"低增加值陷阱"在中国并不存在。不仅如此，中国企业已经学会了如何利用价值链战略实现非线性技术革新，即绕过必要的技术阶段，直接跳跃到价值链高端——品牌发展。现在，全球五大智能手机品牌中有三个是中国的品牌：华为、OPPO 和小米。这三家公司都是利用外国公司的操作系统、中央处理器（CPU）和内存芯片等核心技术而崛起的。这些中国企业尽管在技术上依然存在不足，但现在已经成为手机价值链的主导企业，并建立了自己主导的全球价值链。例如，OPPO 手机的背后就写着：OPPO 设计，中国组装（Designed by OPPO, Assembled in China）。

全球价值链在国际贸易中的主导地位，对经济学家评估国家比较优势的传统理论提出了挑战。长期以来，经济学家一直使用显示性比较优势来衡量国家比较优势。当价值链贸易成为进出口的主要方式后，传统的贸易统计实际上是不适合评估比较优势和贸易结构的动态变化的。用贸易总值计算的显示性比较优势，往往会夸大中国大量使用进口零部件的比较优势。例如，在高科技产业，制成品往往被用来衡量出口企业的技术含量，这种方法忽视了产品核心技术的来源地（Ma，Wang 和 Zhu，2015）。根据联合国商品贸易数据库（UN COMTRADE），2018 年中国笔记本电脑和手持平板电脑的出口量，占世界出口量的 70% 左右。应用显示性比较优势的公式，我们可能会草率地得出这样的结论：中国在笔记本电脑和手持平板电脑的生产上具有显示性比较优势。但是，笔记本电脑的核心技术——操作系统和中央处理器，是由美国的苹果、微软、英特尔和 AMD 公司垄断的，中国在这些产品上具有比较优势的结论，是没有事实依据的。中国向美国出口高科技产品 iPhone 的贸易形态，以及中国在高科技产品出口上处于世界领先地位等结论，实际上是对传统贸易数据的不当解读导致的。因为传统贸易数据无法反映产品核心技术的来源，不能区分各种任务的技术难度和增加值的高低，例如研发、产品设计、品牌推广等任务与标准零部件制造、组装等任务之间的技术和增加值的区别。以传统贸易数据为基础的分析，错误地假设所有从中国运出的东西都是中国制造的，并代表中国的科技水平。事实上，中国企业参与全球价值链时，虽然能够在高科技产品产业链上承接低技术任务和组装制成品，但并不意味着这些企业已经获得了独立制造高科技产品所需的技能、技术和生产诀窍。

全球价值链让国家之间的贸易关系变得更为复杂。大量的贸易流，表面上看是双边贸易关系，实际上是多边贸易关系。亚洲生产网络形成的三角贸易，就是一个典型的例子。中国大陆位于这个三角贸易的中心，从日本、韩国、新加坡、台湾地区以及其他亚洲经济体进口中间投入品，然后将其组装成成品，最终出口到美国（Wang，1995）。因此，中国的出口总值不仅包括国内增加值，还包括其他亚洲经济体创造的增加值。通过这些生产网络生产，并最终在美国市场上销售的中国商品，实际上反映了中国和其他相关亚洲国家与地区的出口。按照同样的逻辑，中美之间的贸易不平衡，有一部分是多边的，而不是双边的，中国对美国的贸易顺差，有相当一部分是由其他亚洲经济体通过生产网络转移过来的。

# 第一章 导　言

然而，目前的贸易统计评估体系依然是以以布换酒这种古典贸易理论为基础的，它完全不适合分析基于全球价值链的现代贸易。尽管全球价值链已经在国家贸易中占据主导地位，但是，目前经济学家、决策者和政治家，在分析贸易格局、双边贸易平衡、贸易结构和国家比较优势时，仍然依赖传统的贸易统计方法。现行贸易统计的经济含义，对于考察与价值链贸易相关的概念，具有不可忽视的误导性。基于价值链的现代贸易，与传统贸易统计方法的基本假设是不一致的，这就导致了传统贸易统计对中美双边贸易平衡的扭曲。传统贸易统计衡量的是商品跨越国界时的总价值。它隐含的假设是，出口产品的全部价值都来自产品出口国家。这一假设，长期以来一直是贸易辩论、谈判和评估国家出口能力的基础。把这个假设用到价值链贸易上显然是错误的。沿价值链制造的产品的总增加值，不能归于任何一个国家。相反，它分布在参与制造过程的国家之间。中国对美国的出口总值，是中国创造的增加值与其他参与制造这些出口货物的国家的增加值的总和。经过几十年的发展，中国已经发展为全球制造业的组装中心。中国对美国出口的大部分制造品，都包含有大量的进口零部件。因此，传统的贸易统计，将中国出口产品内包含的外国增加值，也算作中国创造的价值，无疑夸大了中国对美国的出口和贸易顺差，从而错误地描绘了中国的贸易结构以及技术进步状况。

另一个同样重要的问题是，在全球价值链时代，传统贸易统计实际上低估了美国对中国的出口。利用同一产品价值链的新国际分工，许多美国跨国公司主动放弃制造任务，专注产品研发、设计、品牌推广和市场营销，已经演变为无工厂制造商。苹果、耐克、高通等美国公司都是无工厂制造商。美国的无工厂制造商，通常雇用外国的合同制造商生产或组装它们的产品（如高通芯片、耐克运动鞋和 iPhone），然后将这些产品卖给中国消费者。这类"美国产品"是不被计算为美国对中国的出口的，因为这些产品不是从美国本土运到中国的，它们不经过美国的海关。美国的无工厂制造商对这些产品的贡献，主要来自蕴含在这些产品中的无形资产的增值服务。这些无形资产包括拥有知识产权的技术、品牌、产品设计、物流管理技术等。利用无形资产和其他服务创造的增加值，是美国的无工厂制造商在中国市场上通过销售可见产品获得收入的方式。中国消费者在购买 iPhone、耐克鞋等这类产品时，不仅要为这些产品的制造成本买单，还要为产品中蕴含的无形资产和服务的增加值买单。然而，目前的贸易统计却无法追踪这种新型贸易。它没有统计美国无工厂制造商通过销售外国合同制造商生产的有形产品，向外国消费者和企业销售无形资产增值服务的活动。因此，在记录中美双边贸易流量的统计数据中，美国无工厂制造商对中国的出口是"缺失"的（Xing, 2020）。用目前的贸易统计来考察中美贸易平衡，不仅夸大了中国的出口量，同时也低估了美国的实际出口，从而导致中美双边贸易平衡被大大扭曲。不幸的是，中美贸易不平衡一直是两国争议的焦点，并引发了目前的中美贸易摩擦。

全球价值链的盛行，也挑战了关于汇率与贸易关系的传统理论。中国的出口总值一般由国内和国外增加值组成。无论中国出口企业是否具有定价权，是否可以进行汇率传递，人民币升值只能影响源于中国的增加值，而不是传统理论所假设的中国出口产品的全部价值。就中美贸易而言，中国对美国的出口产品大多是以加工出口的形式生产的。人民币升值的传递即使存在，也会因为外国增加值的存在而大打折扣。此外，在价值链上，中国企业一般负责生产和组装，外国跨国公司负责全球批发和零售。与消费者为中国制造产品实际支付的零售价格相比，中国企业的增加值相对较小。人民币升值导致的生产成本小幅上升，未必会转化为最终销售价格的上升。在开放的宏观经济模型中，进口代表国内对外国商品和服务的需求。然而，参与全球价值链的国家，需要进口大量的零部件来生产出口产品。为生产这些出口产品而进口的中间产品，例如中国的加工进口实际上是由外国需求而不是中国的国内需求决定的。因此，用于生产出口产品的进口数量，并不按照经济学教科书上解释的方式，对人民币汇率的变动做出反应。

全球价值链的出现，既给国际贸易带来了革命性的变化，也对指导经济学家和政策制定者进行国际贸易和政策分析的传统经济理论提出了挑战。本书采用全球价值链的方法，分析了过去40年的中国出口奇迹。这是一种新的方法，不同于李嘉图的比较优势理论，赫克歇尔-奥林模型，或者保罗·克鲁格曼教授提出的基于规模经济的新贸易理论。本书在计算双边贸易平衡、评价国家比较优势、确定贸易模式和出口结构时，注重的是贸易增加值而不是出口总值，注重的是中国企业从事的任务而不是出口的最终成品。利用贸易增加值，可以降低现行贸易统计方法对贸易事实造成的扭曲，可以准确地描述一个国家在国际市场上的竞争力。

本书按照全球价值链的方法，将出口的范围从有形产品扩大到无形产品（利用有形产品出售无形资产增值服务的新型贸易）。过去十几年，国际贸易出现了一个新的趋势，发达国家的跨国公司逐渐向无工厂转变，进化为无工厂制造商。它们利用包含在有形产品中的无形资产和服务，从世界市场获得收入。而发展中国家的企业，则专门从事制造和组装这些有形产品，例如iPhone、耐克鞋、优衣库牛仔裤等。美国和中国代表了这一趋势的两个极端。将无工厂制造商从世界市场获得的增加值，作为其母国出口的一部分，不仅有助于准确理解发达国家在全球价值链时代如何从全球化中获益，也可以减少目前贸易统计中对发达国家与发展中国家之间贸易平衡的扭曲，特别是美国与中国之间贸易平衡的扭曲。

全球价值链方法，可以系统地解释：中国为何在不到40年的时间里，从一个封闭的经济体发展成为世界第一大出口国？为什么中国这个发展中国家，向美国出口的高科技产品多于劳动密集型产品？为什么美国近一半的贸易逆差来自中国？对于正在进行的中美贸易摩擦，全球价值链的分析方法提供了研究特朗普关税对中国出口影响的新视角，有助于回答为什么许多外国跨国公司在贸易摩擦期间选择将部分供应链转移到中国之外。

本书提出的理论观点和实证结果，主要来自我过去十几年对中国出口和全球价值链的研究。2009年，我在新加坡国立大学东

## 第一章 导 言

亚研究所（EAI）访问时，萌生了从全球价值链的角度分析中国出口奇迹的想法。当时，我正在做一个关于中国高科技产品出口的研究。欧盟的一份研究报告吸引了我的注意力，报告称2007年中国高科技产品出口排名世界第一，年出口量已经超过了美国、日本和欧盟27国的总和（Merie，2009）。作为一个在中国长大的中国人，我会为"中国是高科技产品出口第一大国"的成就感到兴奋。不过，以我个人对中国企业的技术能力，以及它们在制造高科技产品方面承担的任务的了解，我觉得这个结论不符合事实。根据传统的贸易统计，中国高科技产品出口的确增长非常快。这一现象曾引起了许多学者的关注。2006年，哈佛大学著名发展经济学家丹尼·罗德里克教授发表了一篇论文：《中国的出口有什么特别之处？》（"What is so special about China's exports？"，Rodrik，2006）。他发现，在中国出口的商品中，高科技产品的比重特别高，甚至高于发达国家。他把中国高科技产品出口的快速增长，归功于中国政府的科技政策。我毫不怀疑，中国对研发的投入、中国政府鼓励科技创新的政策，增强了中国企业的技术能力，缩小了中国与发达国家的科学技术差距。然而，从改革开放之初到2007年，尽管中国经过了将近30年的快速经济增长，它仍然是一个发展中国家，人均国民收入大约为3500美元。我不认为此时中国积累的技术能力，足以使它成为世界第一的高科技产品出口国。中国出口的高科技产品对外国技术特别是决定产品技术功能的核心技术的依赖，意味着中国在2007年就已成为世界高科技产品出口冠军，应该是一个"神话"，而不是现实。

中国企业利用进口零部件组装的高科技产品，在多大程度上反映了中国企业的技术能力？用 iPhone 智能手机等组装产品，来代表中国企业的技术进步是否合理？带着这些问题，我研究了中国高科技产品是如何生产的，并分析了出口高科技产品的企业的所有权结构。研究结果与我的直觉一致，即中国离真正的高科技出口冠军还很远。2010 年中国高科技产品出口中，超过八成属于加工出口类别，也就是利用进口零部件组装的，这些产品的核心技术部件全都是进口的。换句话说，是外国的技术决定了中国高科技产品出口的先进技术特征和功能。加工出口在高科技产品出口中占绝对主导地位的事实，说明中国高科技产品出口的大幅增长，是中国企业融入全球价值链的结果，并非是科学技术进步的结果。我在《中国高科技出口：神话与现实》("China's high-tech exports: myth and reality")一文中，对这些研究发现进行了总结，并建议将这种出口称为"组装型高科技产品"，而不是"高科技产品"（Xing, 2014a）。

从新加坡回来后，我买了我的第一部苹果手机———部黑色外壳的 iPhone 3G 手机。在 iPhone 出现之前，我一直不喜欢使用手机。但是，iPhone 首创的触摸屏、虚拟键盘，以及手机和音乐播放器功能的无缝结合，给我留下了深刻的印象。当我正在欣赏新买的 iPhone 时，手机背面印着的一句话引起了我的注意：苹果公司在加州设计，在中国组装（Designed by Apple in California, Assembled in China）。我曾在日本、美国、加拿大等访问或生活过的国家，购买过数以千计的中国制造的产品，包括 T 恤、牛仔

第一章　导　言

裤、电脑、电视和微波炉等。按照 WTO 的原产国规定,"中国制造"(Made in China)一直是中国出口产品关于原产地的标准标签。那是我第一次看到"在中国组装"(Assembled in China)这句话。我从未在国际市场上的其他中国制造的产品上,看到过类似的声明。我不知道为什么乔布斯无视传统,非要使用"中国组装"这个词。但是,这句话清楚地描述了参与制造 iPhone 的中国企业的角色:它们仅仅是按照苹果公司的设计,将进口的零部件组装成现成的 iPhone 而已。iPhone 就是一个说明中国高科技产品出口与全球价值链关系的非常直观简单的例子。它说明中国高科技产品出口的快速增长,是中国企业加入全球价值链的结果,并非中国本土企业技术进步所推动的。

2008 年全球金融危机爆发。这场席卷全球的金融危机,将美国拖入自 20 世纪 30 年代大萧条以来最严重的经济衰退,美国股市近 8 万亿美元的财富化为乌有(Merie,2018)。一些欧洲国家,例如希腊、西班牙、爱尔兰和葡萄牙,陷入了主权债务危机。来自美国联邦储备银行、国际货币基金组织(IMF)、欧洲中央银行,以及学术界的宏观经济学家们,都在积极寻找金融危机的原因,并试图起草政策建议,防止世界经济再次陷入类似的危机。全球失衡——即一些国家(例如中国)经常账户有盈余,而其他国家(美国是一个明显的例子)经常账户有赤字,被主流宏观经济学家判断为导致金融危机的关键因素(The Economist,2009;Portes,2009)。而全球失衡的核心,是中美贸易之间的失衡。因为中国拥有最大的经常账户盈余,而美国拥有最大的经常账户赤字。由于贸易顺差是中国经常账户顺差的主要来源，贸易逆差是美国经常账户逆差的主要来源，中国的再平衡被认为是全球经济实现再平衡的关键。为了实现这一目标，许多主流经济学家提出，人民币必须大幅升值。诺贝尔经济学奖获得者保罗·克鲁格曼（2020）在《纽约时报》上发表文章《对付中国》（"Taking on China"），公开敦促美国政府向中国政府施压，让人民币升值。

在全球价值链时代，人民币升值是否会像这一政策的支持者预期的那样有效？我对此是怀疑的。在那些宏观经济学家的心目中，中国的出口与两个世纪前英国经济学家李嘉图研究的出口类似，但实际上并非如此。在2007年以前，中国一半以上的出口是以加工贸易出口——即以进口的国外中间产品为原料和零部件生产的，是沿着跨国公司主导的全球价值链进行交易的。中国出口的汇率弹性太小，不足以影响中国的出口或贸易平衡。为了检验上述假设，我分析了中国加工贸易的汇率弹性。我惊讶地发现，加工出口对中国贸易顺差的贡献率超过了100%，而马歇尔－勒纳（Marshall-Lerner）条件——一国货币升值时，贸易顺差会缩小的充分条件，对中国的加工贸易来说并不成立，因为加工进口会随着人民币升值而下降。当我四处寻找具体案例来解释我的发现时，我的脑海里浮现出了"苹果公司在加州设计，在中国组装"这句话。我想，iPhone可能是一个令人信服的案例。我以前的学生 Neal Detert，当时在亚洲开发银行研究院担任研究助理，他一直希望和我一起做研究。于是我就让他帮我收集了 iPhone 3G 的拆解数据，以及相关的 iPhone 3G 贸易统计数据。通过对这些

第一章 导 言

数据的分析，我得到了惊人的结果：中国为每部 iPhone 3G，仅贡献了 6.5 美元的组装服务，大约占总制造成本的 3.6%！但在贸易统计中，中国向美国每出口一部 iPhone 3G 手机，中国海关就把它记为 179 美元的高科技产品出口，这就极大地夸大了中国对美国的出口和贸易顺差。根据对苹果手机制造成本和中国出口数据的分析，我得出了三个结论。第一，传统贸易统计，大大夸大了美国对中国的贸易逆差。在全球价值链主导贸易的时代，应该用中国的出口增加值，而不是出口总值来评估中美双边贸易平衡。第二，iPhone 中蕴含的外国增加值，大幅削弱了人民币汇率对中美双边贸易平衡的影响，即使人民币升值 50%，它对中国向美国出口苹果手机也不会有影响。第三，追求利润最大化是苹果公司将它的手机组装任务转移到中国的原因。我把这些分析结果写成了论文《iPhone 是如何扩大美国与中国的贸易赤字的》("How the iPhone widens the US trade deficit with PRC")。

2010 年 7 月，我在亚洲开发银行研究院发表了这篇论文。除了我的同事 John West，研讨会的听众反应很冷淡。John West 觉得论文结论是爆炸性的。经济学家喜欢用大样本来做计量经济学分析；他们通常认为案例分析有偏见，不能代表样本分布。然而，在这个案例分析中，我是在挑战传统贸易统计衡量双边贸易平衡的可靠性；是在探讨全球价值链主导贸易和生产时，传统贸易理论解释贸易模式和汇率影响的有效性。为了这些研究目的，我认为，一个具有代表性的案例应该是充分的。亚洲开发银行研究院前研究部主任 Mario Lamberte 博士，认为 iPhone 案例分析简洁明了，逻辑清晰，结论非常新颖。他建议将它作为亚洲开发银行研究院的工作论文先发表。在互联网时代，工作论文已成为传播最新经济研究成果和新思想，特别是主流学术期刊编辑不喜欢的非正统思想的一种流行手段。为了感谢 Neal Detert 在这个研究过程中收集数据的贡献，我把他列为第二作者。出乎我意料的是，他竟然拒绝了。Neal Detert 是美国人，他觉得这篇论文是批评美国的，不利于美国国家利益。当时他在美国找工作。因此，他担心自己的名字写在上面会影响他在美国找工作。后来，在 Mario Lamberte 博士的劝说下，他同意把自己的名字署上，但是，Neal Detert 又建议我修改一下论文标题，让它看起来不是特别刺激。我说：我就喜欢刺激的标题，这样才可以吸引读者的关注。我的直觉告诉我，iPhone，中国，美国和贸易赤字这四个关键词连在一起，一定会引起关注的。

2010 年 12 月 16 日，我去早稻田大学商学院讲课。在去教室的路上，我随手拿了一份放在走廊里的免费《华尔街日报》（亚洲版）。在浏览报纸时，我在第 3 页看到了 Andrew Batson 的文章 "Sum of iPhone parts: trade distortion"。文章用了整整一版的篇幅，总结了我 iPhone 论文的主要结果。文章的最上方有一张利用我的研究数据设计的色彩斑斓的图表。这张图直观地解释了贸易统计数据是如何扭曲美国对华贸易逆差的。这让我非常激动和兴奋！

随后，2011 年 1 月 10 日，《华尔街日报》发表了一篇题为《6.5 美元的贸易战》（"The $6.5 trade war"）的社论。6.5 美元是

### 第一章 导 言

我估算的苹果手机包含的中国增加值。社论利用iPhone案例的研究结果,批评美国参议员查尔斯·舒默提出的对中国实施贸易制裁的建议。这两篇《华尔街日报》的文章,向全球媒体传播了我的研究成果,在学术界对我的研究表现出兴趣前,吸引了公众的巨大关注。后来,《时代》周刊登载了迈克尔·舒曼的文章《iPhone对美国经济有害吗?》("Is the iPhone bad for the American economy?"),德国最大的商业报纸 *Klau Meinhardt* 发表了题为《全球iPhone经济的奇怪逻辑》("The strange logic of the global iPhone economy")的文章。这些文章都是以我的iPhone案例分析为基础的。

此后不久,我接受了美国国家公共广播电台温迪·考夫曼的采访。在采访中,她问了我一个具有挑衅性的问题:"谁让你做这个研究的?"我对她的询问感到惊讶。我回答说:"在日本,我有充分的学术研究自由。如果你非要我指出那个研究的起源,我想是我在美国留学时教我的美国教授。我从他们那里学到了经济学的分析方法。"我不知道美国国家公共广播电台什么时候会播出这个采访。后来有一天,我的博士生导师斯坦福大学教授Charles Kolstad给我发来了一个广播文件,让我去听听广播节目里有谁。他是在开车回家的路上听到这个节目的。后来,《纽约时报》对我的研究也表现出兴趣。《纽约时报》的一位记者给我发来电子邮件,问我将iPhone组装工作搬回美国对美国就业的影响。她曾协助撰写获得普利策奖的《纽约时报》文章《美国如何把iPhone工作岗位丢给了中国》("How the US lost iPhone jobs to China")。

图 1.1　全球媒体对笔者 iPhone 案例研究的讨论和报道

媒体对 iPhone 案例研究的广泛报道（图 1.1），最终引起了学院派经济学家对我的研究的注意。VOXEU 的主编 Richard Baldwin 教授，邀请我写一篇关于 iPhone 案例分析的专栏。我于是把研究成果总结成一篇通俗易懂的专栏，并于 2011 年 4 月 11 日发表在 VOXEU 上。随后，WTO 和 IDE-JETRO（日本亚洲经济研究所）（2011）发表了一份联合报告《东亚的贸易模式和全球价值链：从货物贸易到任务贸易》（"Trade patterns and global value chains in East Asia: from trade in goods to trade in tasks"）。这是第一份用国际投入产出表，按照贸易增加值估算中美贸易平衡的机构报告。经济合作与发展组织（OECD）的科学、技术和创新司司长 Koen De Backer 用

iPhone 4复制了我的iPhone 3G分析（Backer，2011）。他发现，中国对iPhone 4贡献的增加值为6.54美元，与我在iPhone 3G分析中的估计结果，仅相差0.04美元。2012年，OECD和WTO（2012）发表了联合文章《贸易增加值：概念、方法和挑战》（"Trade in value added: concepts, methodologies and challenges"），这代表着两个国际组织正式支持按照贸易增加值来统计贸易的方法。在我的iPhone案例论文被《经济视角杂志》（*Journal of Economic Perspectives*）和《中国经济评论》（*China Economic Review*）两家主流经济杂志拒绝后，*Aussenwirtschaft*杂志编委会成员Simon Evenett教授，邀请我在该杂志上发表。日本发展经济研究所的猪田聪教授评论说，"iPhone论文是第一篇引起对传统贸易统计有效性警觉的文章"（Inomata，2017）。目前，利用增加值研究分析贸易问题，正在成为国际贸易研究的一个新趋势。

很多学者和从业者联系我，问我是否更新了对iPhone新机型的分析。他们对中国企业参与iPhone价值链的升级很感兴趣。在中国深圳一家手机设计院的技术协助下，我对苹果公司2018年推出的iPhone X进行了拆解分析。分析结果显示，中国企业在iPhone X中获取了更多的附加值，并且完成了更复杂的任务，远远超过了简单的组装。感谢Richard Baldwin教授，我的关于iPhone X论文摘要于2019年11月11日发表在VOXEU上。它引起了学者和政策制定者的极大兴趣。iPhone手机价值链分析表明，中美两国的经济，已经被一只新的看不见的手——全球价值链，紧密结合在一起，两国完全脱钩的局面几乎是不可能的。

现在，关于中国出口奇迹的许多悖论，都可以从全球价值链的角度得到解决。中国经济在过去40年中前所未有的快速增长，引发了关于是否存在"中国模式"的争论，我认为中国经济发展的独特模式是存在的。"中国模式"不同于日本模式、"亚洲四小龙"模式，以及世界经济发展史上的其他成功案例。中国企业参与全球价值链，不仅催生了出口奇迹，而且加速了中国的工业化进程，最终推动了中国经济在过去40年的持续高速增长。中国企业参与全球价值链的深度与广度，以及参与后的经济结果，都是无与伦比的。依靠全球价值链实现经济增长和工业化，是"中国模式"的独特之处。

然而，参与全球价值链并非是没有风险的。自然灾害和地缘政治的紧张局势，会破坏价值链的平稳运行和可靠性。正在进行的中美贸易摩擦，就人为地提高了为服务美国市场，从中国采购产品的成本。随着贸易摩擦演变为技术摩擦，美国政府禁止包括华为在内的上百家中国企业向美国企业采购核心技术零部件。这危害了这些中国企业的供应链，也威胁到了利用全球价值链战略发展的中国高科技企业的生存。此外，COVID-19疫情在全球范围内的突然暴发，不仅打乱了对于外国下游企业经营至关重要的中国供应链，也暴露了许多国家依赖中国供应抗击疫情急需的医疗用品策略的风险。贸易摩擦和COVID-19疫情叠加，促使一些跨国公司将其生产设施转移出中国。这种趋势很可能会持续下去，并最终重塑以中国为中心的全球价值链，决定全球价值链的未来发展轨迹。

第二章

# 1980—2018 年间的中国出口奇迹

中国的出口奇迹始于20世纪80年代，它是在中国政府决心进行革命性的经济改革，向世界敞开大门之后开始的。经过40年的改革开放，中国从一个几乎封闭的经济体，成长为世界上最大的商品出口国和全球制造业中心。今天，中国制造的产品，无论是鞋、服装、纺织品、玩具等廉价的劳动密集型产品，还是电视、冰箱、个人电脑、智能手机等高价值、高科技产品，几乎遍布全世界的每一个角落。

在中国踏上改革开放的征程之前，中国政府并没有把国际贸易视为经济增长的源泉。在封闭的计划经济体制下，中国的决策者几乎没有国际分工的概念，相反，"独立自主、自力更生"则被推崇为国家发展战略的核心原则。根据这一原则，政府官员们制定经济发展计划。这些计划详细地规定了中国企业应该生产什么，生产多少；中国家庭可以消费什么，消费多少；生产投入和消费品，应该以什么价格进行交易等。按照中央计划经济设计者的理想，这样的经济制度应给中国人民带来财富和繁荣，但最终，计划经济失败了，就像"二战"后采用计划经济制度的苏联和东欧国家的结局一样。

中国政府采取的经济改革和对外开放政策，拯救了中国，并促使它融入世界。改革开放给中国人民带来了巨大的繁荣和财富，推动了中国迅速成长为可以与美国相媲美的世界第二大经济体。回顾过去40年中国经济的高速增长，不难看出，中国出口的爆炸性增长，是引导中国经济持续高速增长的一个最为重要的发动机。曾经被世界银行赞誉为东亚经济奇迹的日本和"亚洲四小龙"——韩国、新加坡和中国香港、台湾地区，通过实施出口导向型增长战略，成功地成长为高收入经济体。表面上看，中国也是利用出口这台发动机实现了快速工业化和前所未有的经济增长。但是，中国出口产品在全球市场上的急剧扩张，比日本和"亚洲四小龙"的出口更为惊人。首先，当中国在2009年成为世界第一大出口国时，还远远没有达到工业化国家的水平，它的人均GDP还不到4000美元。其次，中国出口的产品，不仅在劳动密集型产品领域占据世界市场的主导地位，而且在高增加值的高科技产品领域也占据世界市场的主导地位。在不到40年的时间里，中国从与世界几乎隔绝的状态变为世界上最大的出口国，这的确是世界经济发展史上一个非同寻常的、前所未有的奇迹。

在本章中，我将简要介绍一些代表中国出口奇迹的事实，并将讨论的重点聚焦在中国出口的增长及其对中国经济的重要性，以及中国崛起为世界第一大出口国的演变过程。根据传统的国际贸易理论，一个国家在不同的经济发展阶段会出口不同类型的产品。一个国家处于低收入阶段时，主要生产和出口资源和劳动密集型产品。随着平均收入的提高，它会逐渐进入技术和资本密集型产业，从而带动出口产品结构的升级。对于考察中国出口结构的动态变化，40年应该是一个足够长的时期。我利用中国出口产品在农业、资源、劳动和技术密集型这几类上的动态分布，来分析中国出口结构的动态变化。在分析中，我将特别关注中国作为高技术产品出口大国的崛起过程。

美国是世界经济中最大的单一市场，也是最为开放和竞争最激烈的市场。实行出口导向增长战略的国家，一般都把打入美国市场放在最优先的位置。美国消费者对进口产品的需求，似乎永远无法满足，这为其他国家利用美国市场获得经济增长，提供了无与伦比的机会。只要增加对美国的出口，就能增加国民收入。迄今为止，与美国的贸易是中国最重要的双边贸易。中国每年向美国市场运送超过它五分之一的出口产品，并从与美国的贸易中获得了超过一半的贸易顺差。中国对美出口的快速增长，是代表中国出口奇迹的一个重要方面。中国制造的商品在美国市场的普及，是中国崛起为世界第一大出口国的一个重要基础。作为补充上述对中国出口奇迹的讨论，在本章中我还考察了1980—2018年间的中美贸易关系，重点关注中国对美国出口的增长、与美国的双边贸易平衡，以及对美国的高科技产品出口。

中国在全球贸易中快速崛起的原因是什么？目前的研究文献，提出了以比较优势、中国经济体制改革、人民币汇率制度、外国直接投资、中国加入世贸组织以及前所未有的贸易自由化等原因为中心的理论解释。在本章的最后，我将简要回顾按照上述维度，对中国出口奇迹进行分析的一系列理论。2010年我和我的学生以iPhone为案例，率先指出传统的贸易统计无法准确衡量以价值链为基础的双边贸易平衡，也无法准确估计一个国家的实际出口能力（Xing和Detert，2010）。此后，经济学家们开始采用贸易增加值来衡量双边贸易平衡，贸易增加值逐渐成为衡量一个国家参与全球价值链的量化指标。本章对中国出口奇迹的描述和讨论，依然立足于传统贸易统计数据，使用出口总值而非增加值来分析中国在全球贸易中的崛起。这是因为增加值贸易的概念，是伴随全球价值链发展出来的原生概念。关于全球价值链对中国出口奇迹的决定性作用，以及利用增加值对中国出口进行的详细分析，我将在第三章集中讨论。

## 中国出口奇迹：1980—2018年

图2.1显示了中国出口的增长及其对中国经济的相对重要性。柱状图显示了1980年至2018年以现值美元计算的中国年度出口量，而线图则显示了出口与中国GDP比率的趋势，该比率可以衡量出口对中国经济的相对重要性。数据取自WTO数据库。1980年，中国向世界其他地区出口的货物仅为182亿美元。到2000年，中国出口猛增到2492亿美元，是20世纪80年代初的10倍多，年均增长14%，远高于同期中国GDP的增长。从2000年开始，中国出口增速进一步加快，除了全球金融危机爆发的

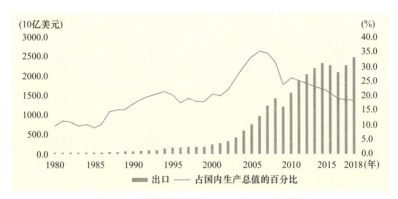

图 2.1　中国对世界的出口：1980—2018 年
资料来源：世贸组织和世界银行。

2008 年，在 2000—2010 年 10 年间，中国出口平均年增长率超过 20%。到 2010 年，中国出口额达到 1.58 万亿美元的新高，居世界首位。两年后，中国出口额超过 2 万亿美元。中国是世界经济发展史上，第一个年出口额超过 2 万亿美元的国家。在 1980—2010 年的 30 年间，中国出口的增长速度始终远远高于同期中国经济的增长速度，对推动中国经济增长做出了巨大贡献。中国出口在全球市场上的快速扩张，不仅提高了中国家庭的收入，而且支持了中国经济持续扩张所不可缺少的国内投资。从中国出口占 GDP 的比例，可以看出出口对中国经济的重要性。1980 年，出口不到中国 GDP 的十分之一，到 2006 年，出口占 GDP 之比已跃升至 35.2%，说明中国经济对外需的依赖程度大大地加深了。

随着中国成长为一个贸易大国，中国在世界出口中的比重也不断提高。图 2.2 显示了 1980 年至 2018 年中国出口在世界贸易中相对权重的变化，以及日本、德国和美国在世界出口格局中地位的变化。20世纪80年代初,中国在世界贸易中处于边缘地位,商品出口量在世界出口中的比重不到1%。尽管中国出口在20世纪80年代和90年代增长迅速,但在全球贸易中的份额仍然不大,2000年中国的出口量仅占世界出口量的3.9%。在中国正式加入WTO后,中国出口出现了爆炸性增长,大大提升了中国在世界贸易中的地位。2004年,中国在世界出口中的份额上升到6.4%。当时中国的出口额已超过日本(当时亚洲最大的经济体),成为世界第三大出口国。三年后,中国又实现了一个新里程碑:在历史上第一次,中国出口的商品数量超过了世界上最大的经济体美国。鉴于中国经济规模还不到美国经济规模的一半,中国超越美国并成为第二大出口国是令人震惊的发展。仅仅5年后的2009年,中国出口已达到世界整体出口额的9.6%,超过了德国,终于成为世界上最大的出口国。2018年,中国的出口份额则飙升至12.8%,比美国高出近5个百分点,而美国当时的经济总量比中国大30%。

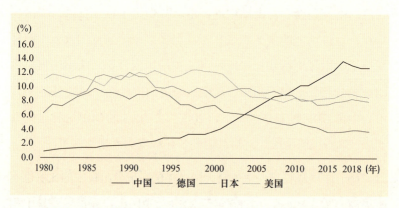

图 2.2 中国、德国、日本和美国的商品出口(占世界出口的百分比)

资料来源:笔者根据世贸组织数据计算。

第二章　1980—2018年间的中国出口奇迹

## 中国出口结构的动态变化

在中国出口持续高速增长的同时，中国出口产品结构也发生了根本性变化。高价值和技术含量相对较高的产品，在中国出口中的比重大幅增加，而农业、资源和劳动密集型产品的比重则大幅下降。表 2.1 比较了 1990 年和 2018 年中国出口产品在农产品、燃料和矿产品、制造品中的分布情况。为了考察制造业内部专业化的变化，表 2.1 还列出了占制造业出口大头的机械和运输设备、纺织品、服装、电信设备、电子数据处理和办公设备的出口比重。中国在 1990 年的出口产品结构，比较符合古典的比较优势理论，因为当时农产品占中国出口的 16.2%，燃料和矿产品合计占 10.6%，纺织品和服装分别占总出口的 11.6% 和 15.6%，总体而言，资源和劳动密集型产品占中国出口的一半以上。农产品、燃料和矿产品的生产需要依赖土地和矿产资源，而纺织品和服装的生产则依赖大批量的廉价劳动力。因此，1990 年的出口产品结构，与中国的资源要素禀赋或者相对较低的劳动生产率是比较吻合的。

与 1990 年相比，中国 2018 年出口产品格局发生了重大变化。在 2018 年，制造品主导了中国的出口格局，占全部出口货物的 93.2%，而农产品、燃料和矿产品的总比例则降至 7% 以下。自 20 世纪 90 年代中期以来，中国已成为石油净进口国。燃料和矿产品在中国出口产品中的份额下降并不奇怪：中国制造业产出世界第一，资源密集型的钢铁和制铝产量也是世界第一。为了满足这些产业的发展，中国已经成为许多矿产资源的最大进口国。制造品在出口中的主导地位表明，中国在世界经济中的分工，已经从农业和资源产业的专业化升级到制造业专业化阶段。

表2.1 1990年和2018年中国出口产品结构（占中国出口总额的百分比）

| 商品 | 1990年 | 2018年 |
| --- | --- | --- |
| 农产品 | 16.2 | 3.3 |
| 燃料和矿产品 | 10.6 | 3.2 |
| 制造品 | 71.4 | 93.2 |
| 机械和运输设备 | 17.4 | 48.6 |
| 纺织品 | 11.6 | 4.8 |
| 服装 | 15.6 | 6.3 |
| 电信设备 | 4.2 | 12.7 |
| 电子数据处理和办公设备 | 0.6 | 8.8 |

资料来源：笔者根据世贸组织数据库的数据计算的结果。

从1990年到2018年，中国出口的制造品结构，也发生了显著的转变。它从以纺织品和服装等劳动密集型产品为主，升级到以机械和运输设备、电信设备、电子数据处理和办公设备等高价值和高技术为主的出口结构。在1990年至2018年间，机械和运输设备占中国出口的比重从17.4%跃升至48.6%；电子数据处理和办公设备（主要是个人电脑和手持平板电脑）的比重从不到1%上升至8.8%；手机等电信设备的比重从4.2%上升至12.7%。与此同时，纺织品和服装的比重则大幅下降到4.8%和6.3%。在一定程度上，中国出口产品结构从资源和劳动密集型产品向技术密集型产品的过渡，标志着中国出口企业攀升到了产业专业化更高的阶段。

中国成为世界上最大的玩具制造商和纺织品出口国这一事实,并不会使其贸易伙伴感到惊讶。中国拥有丰富的劳动力禀赋,加上从农业部门源源不断地释放出来的农村劳力,自然导致中国在生产劳动密集型产品方面不仅具有比较优势,与其他发展中国家相比也具有绝对优势。随着中国对贸易和投资开放大门,逐步融入世界经济,中国自然而然地发展成鞋类、旅游装备、服装、玩具等劳动密集型产品的出口大国。如果一个国家永远专门生产低增加值的劳动密集型产品,那么自由贸易对这个国家来说,是祸而不是福。这其实也是发展中国家对自由贸易持怀疑态度的一个主要原因。就中国而言,经济融入全球经济,不仅极大地提高了中国丰富的人力资源的利用率,也提高了中国劳动密集型产业的专业化程度,并逐渐培育了中国企业制造高增加值产品的能力,从而推动了中国贸易结构的根本性变化。

中国高科技产品出口的快速增长,是中国出口奇迹的一个重要方面。高新技术产品被定义为研发投入强度高的产品,包括航空航天设备、计算机、药品、科学仪器和电气机械等。作为一个低收入的发展中国家,中国在 2000 年之前并不是一个重要的高科技产品出口国,然而在 2007 年,中国已经成为第一大高科技产品出口国,超过了美国、日本和 27 个欧盟国家的高科技产品出口(Merie,2009)。图 2.3 描述了 2007 年至 2017 年中国、日本、德国和美国每年的高科技产品出口量。它揭示了几个令人惊讶的事实。首先,中国的高科技产品出口量,在这段时间内远远高于日本、德国和美国。其次,中国的高科技产品出口额上升到 6542

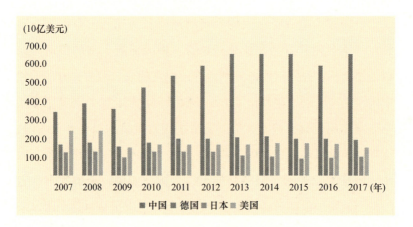

图 2.3　中国：世界第一的高科技产品出口国
资料来源：世界银行。

亿美元，几乎是 2007 年的两倍。相比之下，美国作为无可争议的世界科技领军者，2017 年的高科技产品出口额则下降到 1569 亿美元，是 2007 年的三分之二，而同期日本和德国的出口额要么停滞不前，要么只是温和增长。需要强调的是，2007 年，中国人均 GDP 仅为 3800 美元，不到日本、德国或者美国的十分之一。一个低收入的发展中国家，不但能够大规模出口资本和技术密集型产品，而且成为世界第一的高科技产品出口国，这无疑是难以用传统贸易理论解释的。因此，中国在高科技产品出口方面取得的骄人成绩，是一个近乎奇迹的现象，有待于新的理论去解释。

图 2.4 显示了中国制造的纺织品、服装、电子数据处理和办公设备、电信设备在世界出口中的份额。中国目前是向海外出口这类产品最多的国家。2000 年，中国电信设备（主要是移动电话）在世界出口中的份额仅为 6.8%，在 2018 年这个比例大幅上

升到42.3%，凸显出中国制造的电信设备在世界市场的主导地位。同样，在2000年，中国出口在全世界电子数据处理和办公设备（包括计算机、传真机和打印机）出口中的比重相对较小，对世界该类出口的贡献率约为5.0%。此后，中国的市场份额稳步上升，在2018年占世界电子数据处理和办公设备出口的36.2%。这两类产品是中国高技术产品出口快速增长的最大贡献者。有趣的是，中国出口产品向资本和技术密集型产品方向的发展，并没有制约中国制造的劳动密集型产品在海外市场的扩张。在此期间，中国出口的劳动密集型产品的国际市场份额也出现了大幅增长。2000年，中国纺织品出口占世界纺织品出口总额的10.3%，服装出口占世界服装出口的18.2%；到2018年，中国在纺织品出口中的份额跃升至37.9%，在服装出口中的份额为31.9%。2005年，《多种纤维协定》（"The Multifiber Arrangement"）被废除。该协定利用配额规定各个国家的纺织品出口总量，它曾经限制了中国制造的

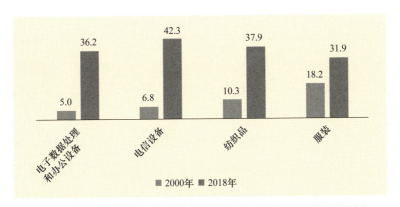

图2.4 中国是世界第一大出口国的几类产品（占世界出口额的百分比）

资料来源：笔者根据世贸组织数据计算得出的结果。

纺织品在国际市场上的扩张。《多种纤维协定》的失效，消除了中国纺织品进入国际市场的制度性障碍，极大地促进了中国纺织品在国际市场上的增长。

## 中美贸易

美国是世界上最大的、最自由的市场，它对外国商品征收的关税和设置的非关税壁垒，从平均水平而言，是世贸组织成员中最低的。因此，美国市场上的产品竞争程度是最为激烈的。对于采取出口导向型增长战略、依靠外需的国家来说，美国市场是其出口产品最重要的市场。中国制造的产品已经成功地打入美国市场，它现在是中国出口商品的最大海外市场。每年中国五分之一的出口产品会进入美国市场。中国制造的产品在美国市场上取得的成功，是中国出口奇迹的另一个侧面。

表2.2总结了1980年至2018年中国对美国出口的演变概况。其数据来自美国人口普查局（The US Census Bureau）公布的数据，而不是中国海关的数据。因为，相当一部分中国商品是从中国大陆以外的转口港间接进入美国的。例如，每年有数十亿美元的中国商品从香港地区运往美国。中国海关将这些货物记录为对香港地区的出口，而美国海关则根据世贸组织成员遵循的原产地规则，将这些货物记录为从中国的进口。美国人口普查局的数据可以更准确地描述中国制造的产品在美国市场扩张的状况。

1980年，中国对美国出口了 11 亿美元的商品，不到美国进口总额的 0.5%。到了 2000 年，中国对美国的出口额猛增了近百倍，达到 1000 亿美元，占美国进口总额的 8% 左右。中国用了 20 年时间，实现了对美国出口的第一个 1000 亿美元。之后，中国对美国的出口继续大幅增长，在美国市场上获得了更多的份额。2018 年中国向美国出口达到 5400 亿美元，是 2000 年的 5 倍多，占美国从所有贸易伙伴进口总额的 20% 以上。

随着中国对美国出口的持续大幅增长，中国对美国贸易顺差也相应扩大。更为重要的是，中国目前已经成为美国巨大贸易逆差的最重要来源。1980 年至 2018 年中国对美国的贸易顺差发展状况，也在表 2.2 列出。当中国刚开放国门时，中国对美国是有贸易逆差的。在 1980 年，中国对美国的贸易逆差是 27 亿美元。此后，由于中国对美国的出口成倍增长，中美贸易平衡发生了逆转。1990 年中国对美国的贸易顺差达到 104 亿美元，大约是美国贸易逆差的十分之一；2000 年中国对美国贸易顺差激增到 838 亿美元，2010 年则达到 2730 亿美元。到 2018 年，贸易顺差已经飙升至 4195 亿美元，大约为美国整体贸易逆差的一半。在一定程度上，美国贸易逆差过度集中在中国的现象，反映了中国制造的商品在美国市场上的竞争力。另一方面，与中国经济在世界经济中的比重相比，中国在美国贸易逆差中的比重显然太高，这意味着中国的比较优势、经济体制改革和贸易自由化等理论，只能为中美之间巨额贸易不平衡提供非常有限的解释。中国占美国货物贸易赤字一半的现象，是激发我超越传统比较优势理论，从全球价值链角度来探讨中国制造的产品在美国市场非凡表现的一个重要原因。

表2.2 1980—2018年中国与美国的商品贸易情况 （10亿美元）

| 年份 | 出口 | 盈余 | 占美国贸易逆差的百分比（%） |
|---|---|---|---|
| 1980 | 1.1 | -2.7 | 不适用 |
| 1990 | 15.2 | 10.4 | 10.3 |
| 2000 | 100.1 | 83.8 | 19.8 |
| 2005 | 243.5 | 202.3 | 26.2 |
| 2010 | 365.0 | 273.0 | 43.0 |
| 2015 | 483.2 | 367.3 | 49.3 |
| 2018 | 539.7 | 419.5 | 48.0 |

资料来源：美国人口普查局和笔者的计算。

中美双边贸易中有一个现象非常值得关注。这个现象就是，中国对美国在高科技产品领域拥有1300亿美元的巨额贸易盈余。中国人口众多，相对于美国来说收入也很低。因此，中国在对美国贸易中专门出口低价值、劳动密集型产品，符合传统的比较优势理论，这并不奇怪。对美国消费者而言，中国制造的服装、鞋、玩具、消费电子产品、纺织品等廉价劳动密集型产品充斥美国市场是非常正常的。研究表明，20世纪80年代和90年代的中美贸易格局，与中国在劳动密集型产业的比较优势是一致的（Morrison，2018）。

然而，进入21世纪后，中国对美国出口的产品快速多元化，逐渐向高价值产品发展。具体而言，中国对美国的先进技术产品（advanced technology products，ATP）出口迅速扩大。图2.5显示了2003—2018年间在先进技术产品领域中国对美国出口的趋势，数据来源于美国人口普查局。美国人口普查局对先进技术产品的定义，与中国对高科技产品的定义类似。具体而言，先进技术产品包括十大类产品：（1）生物技术，（2）生命科学，（3）光电子，（4）信息和通信，（5）电子，（6）柔性制造，（7）先进材料，（8）航空航天，（9）武器和（10）核技术。21世纪初，中国对美国的先进技术产品出口额并不高。2003年，中国对美国出口的先进技术产品大约为294亿美元，约占美国该类产品进口的14%。此后，中国对美国先进技术产品出口，几乎按照指数级别成倍增长。2018年，对美国先进技术产品出口升至1738亿美元，是2003年的5倍多，超过中国对美国出口总额的三分之一，占美国全部先进技术产品进口总额的35%。

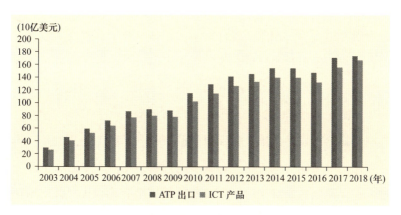

图2.5 中国对美国先进技术产品出口趋势

资料来源：美国人口普查局。

从中国对美国出口的先进技术产品结构来看，以个人电脑、手机、数码相机和手持平板电脑为主的信息和通信技术产品，是主要来源。2003 年，信息和通信技术产品占中国对美国先进技术产品出口的 89%。从 2003 年到 2018 年，这一比例变化不大。2018 年，美国从中国进口了 1571 亿美元的信息和通信技术产品，约占中国先进技术产品对美国出口的 90%。毋庸置疑，强调劳动生产率、资源禀赋和规模经济的传统贸易理论，无法解释为什么中国这样一个发展中国家，对美国这个世界科技大国始终保持着巨大的先进技术产品贸易顺差。

## 中国出口奇迹的传统解释

许多学者和中国观察家利用各种理论，试图找出促成过去 40 年中国出口奇迹的因素。他们在学术期刊、杂志和报纸上发表了大量关于中国出口奇迹的文章。对中国出口奇迹的第一种主流理论解释，是中国在劳动密集型产品方面的比较优势。根据古典主义的李嘉图比较优势理论，中国在劳动密集型产品领域生产的机会成本明显低于发达国家。按照以资源禀赋为基础的赫克歇尔－奥林理论，中国作为世界上人口最多的国家，拥有大量的廉价劳动力，甚至比其他发展中国家在这些领域更享有比较优势。中国在劳动密集型产品方面的比较优势，被许多学者认为是推动其出口超常增长，以及中国制造的产品在世界市场上迅速扩张的主要因素之一（Adams, Gangnes 和 Shachmurove, 2006; Wang, 2006）。

第二种理论解释侧重于中国过去40年的一系列经济改革，尤其是对曾经高度集中、由国有企业垄断的国际贸易体制进行的改革，以及通过引入激励机制，鼓励企业出口的改革。这一系列改革，推动了专门从事国际贸易的公司在省市地方层面的蓬勃发展，提高了国内企业扩大出口的积极性（Hu 和 Khan，1997；Lin，Cai 和 Li，2003；Lardy，2003）。

解释"中国制造"在世界市场上迅速扩张的第三种理论，是从20世纪90年代开始的一系列贸易自由化行动，例如中国加入世贸组织、签署双边和多边自由贸易协定、废除《多纤维协定》等制度安排。这些贸易自由化带来的贸易条件的变化，大幅消除了中国制造的产品进入国际市场的障碍，提高了其进入国际市场的便利度。例如，加入WTO使中国产品获得了最优惠的国民待遇，使其可以按照最惠国关税进入164个WTO成员的市场。在废除了制约中国纺织品出口的《多种纤维协定》后，中国服装和纺织品获得了在国际市场上扩张的自由（Branstetter 和 Lardy，2006；Prasad，2009；Wakasugi 和 Zhang，2015）。

还有一些学者认为，人民币贬值和与美元挂钩的汇率制度，对加强中国制造的产品的国际竞争力有很大影响。自1980年以来，人民币一直处于贬值轨道。1989年之前的人民币贬值，纠正了在中央计划经济体制下对人民币的高估，随后的多次贬值可能导致了人民币被低估，从而增强了对中国出口产品的全球竞争力。从1994年到2005年，中国人民银行实际上维持了人民币与美元的固定汇率。中国政府是否利用人民币贬值来促进出口，以及一系列人民币贬值是否确实加强了中国商品在国际市场上的竞争力，目前仍有争议（Naughton，1996；Marquez 和 Schindler，2007；Thorbecke 和 Smith，2010）。

最后，许多学者认为，以出口为导向的外国直接投资的大量流入，极大地扩大了中国的出口能力。中国政府对出口导向型外国直接投资的优惠政策（例如免除和减免公司所得税，提供可建工厂的土地，以及免除进口机器设备和生产材料的关税等），吸引了许多外国跨国公司将中国作为出口平台；这也极大地提高了中国各种产品的出口能力（Zhang 和 Song，2000；Whalley 和 Xing，2010）。

# 结　论

在不到 40 年的时间里，中国从一个封闭的中央计划经济体，发展成为世界上最大的出口国。中国不仅在纺织品和服装等劳动密集型产品上，成为世界第一大出口国，而且在资本和技术密集型的高科技产品上，如智能手机、电脑和数码相机等，也成为世界出口的冠军。值得提醒的是，这些高科技产品都是发达国家发明和开发的。在双边贸易方面，中国出口占美国进口的 20%，美国货物贸易逆差的近一半来自中国。更令人吃惊的是，美国作为无可争议的世界科技领导者，却在先进技术产品方面与中国有着高达 1300 亿美元的贸易逆差。无论用何种标准来衡量，中国作为出口大国的崛起都是一个前所未有的奇迹。

许多学者和中国观察家都从不同的角度，为中国奇迹提供了理论解释。但是，目前没有任何一种理论，能够完全解释中国成为世界第一大出口国的原因。当中国第一次超越日本、德国和美国（世界科技研究的领头羊），成为第一大高科技产品出口国时，它还只是一个人均 GDP 不到 4000 美元的发展中国家。几年后，当中国从长期以汽车和机械工业著称的德国手中，夺走世界最大出口国的头衔时，它还远未完成向工业化国家的转型。这些关于中国出口奇迹的耐人寻味的特征，需要超越传统智慧的新理论解释这一谜团。在下一章中，我将从全球价值链——这个目前还未被探索的角度，来分析中国的出口奇迹。过去 40 年全球价值链的发展，实际上为许多围绕中国出口奇迹的谜团提供了答案。

第三章

# 全球价值链：
# 中国出口爆炸性增长的催化剂

在第二章，我简要总结了过去40年中国在出口方面取得的显著成就。中国出口爆炸性扩张的故事，无论以何种标准衡量，都是世界经济发展史上前所未有的。中国不仅在低技术和劳动密集型产品的出口上领先于世界，在技术密集型产品的出口上也领先于世界。今天，中国与发达国家依然有明显的技术差距，但中国出口产品的先进性却几乎与发达国家不相上下。那么，是什么原因导致了中国的出口高速增长？中国制造的产品，为何在全球市场上如此具有竞争力和受欢迎？推动"中国制造"在全球迅速扩张的主要力量是什么？

中国拥有超过14亿的人口，在劳动密集型产品方面显然具有明显的比较优势。毫无疑问，自20世纪90年代以来，中国出口产品在海外的市场准入条件获得了极大改善，这得益于贸易自由化带来的关税降低和贸易便利化，中国加入WTO，以及《多纤维协定》被废除等促进自由贸易的制度安排。从比较优势和人民币被低估的视角来解释中国出口奇迹的理论，本质上是强调中国出口产品的成本优势。从贸易自由化和中国经济体制改革的视角来解释的理论，则是关注便利中国出口的制度环境。这些解释中国出口奇迹的主流理论基本认为：中国制造产品的竞争力，是由中国的内在比较优势决定的；国际市场上的竞争，是中国制造与非中国制造的产品之间的竞争；中国企业是独立进入全球市场，与市场所在地的企业或第三国企业进行竞争。这些理论显而易见的缺陷，是没有考虑全球价值链引起的制造品生产和国际贸易组织方式的变化。在以全球价值链为主导的生产和贸易模式下，中国出口企业实际上只承担了向国际市场消费者提供最终产品的一部分必要任务，例如组装产品，生产基本零部件。它们是按照价值链主导企业的设计和标准生产产品的，它们的产品最终是通过价值链主导企业的批发和零售网络，在全世界销售的。

在李嘉图和赫克歇尔－奥林的经典模型中，比较优势是决定产品国际竞争力，决定一个国家贸易模式的唯一因素。然而，今天的贸易，并不是用布匹来换葡萄酒的传统贸易。随着全球价值链的扩散和发展，货物贸易已经被任务贸易所取代（Grossman 和 Rossi-Hansberg，2008），国际市场上流通的大部分制造品，基本上是位于不同国家的公司协同合作的产物。一个国家的比较优势，不能决定沿全球价值链制造和交易的产品的国际竞争力。占中国出口额 90% 以上的制成品，绝大多数是在外国跨国公司主导的全球价值链上生产和制造的。全球价值链主导企业所拥有的品牌、技术以及全球批发和零售网络，是"中国制造"克服国际市场进入壁垒的关键因素，它们决定了"中国制造"在国际市场上

第三章　全球价值链：中国出口爆炸性增长的催化剂

的竞争力。

例如，在休闲时装市场，竞争不是中国制造与非中国制造的服装之间的竞争，而是不同国际品牌之间的竞争，如 H&M 与优衣库之间的竞争；在个人电脑市场，不是中国制造与日本制造的电脑之间的竞争，而是戴尔电脑与惠普电脑之间的竞争；在零售市场，不是中国制造与本地制造的商品之间的竞争，而是沃尔玛和塔吉特（Target）等零售连锁店之间的竞争，这两个连锁店每年都从中国采购数十亿美元的产品。

全球价值链与中国出口尤其相关，因为中国制成品出口中约有一半是用进口零部件组装或者生产的。国际市场上绝大部分的中国制造的产品，要么是贴着外国品牌进行销售，例如中国制造的耐克鞋、中国组装的苹果手机；要么是由沃尔玛等全球零售巨头在中国直接采购后，然后在其遍布全世界的零售网络销售，例如"Made in China for Walmart"之类的产品。在本章中，我会在全球价值链框架下分析中国过去40年的出口奇迹。这些分析表明，全球价值链是中国产品进入国际市场尤其是高收入国家市场的载体。通过成功地加入全球价值链，中国企业能够将其低技术含量的劳动服务和零部件，与跨国公司的知名品牌和先进技术进行捆绑，然后把这些低技术劳动服务和零部件销售给全球市场的消费者。作为全球价值链主导企业，跨国公司不断地进行技术创新，积极推广品牌的知名度，并在全球范围内扩展批发和零售网络。这一系列行为持续不断地开拓了新市场，增加了全球消费者对各种产品的需求。加入全球价值链的中国企业，主要负责组装或者制造产品。因此,由跨国公司的技术革新、市场营销带动的全球需求增长,就直接转化为对中国制造的产品的需求,从而推动了中国出口的快速增长。

中国企业大规模融入全球价值链,是过去 40 年中国出口持续高速增长的催化剂。从全球价值链的角度来审视中国出口奇迹,就可以合理地解释围绕中国出口奇迹的一些谜团。例如,按照古典比较优势理论,中国应该出口劳动密集型或低技术产品,为何中国却向发达国家出口大量的高科技产品?中国没有一个国际知名运动鞋品牌,为什么却是世界第一大运动鞋出口国?为什么生产力相对较低、规模较小的中国企业,可以将产品出口到美国、日本等世界上竞争最为激烈的市场?

为了论证全球价值链对中国出口奇迹的关键作用,在本章中我首先从理论上解释参与全球价值链是如何促进中国出口的。在理论分析中,我将重点讨论全球价值链的三种溢出效应。这三种溢出效应源于价值链主导企业的品牌、技术和产品创新,以及全球批发和零售网络。然后,我再分析这些溢出效应是如何推动中国制成品向全球市场扩张的。最后,我会在产品和产业的层面上量化中国出口与全球价值链之间的联系,讨论中国出口是如何从全球价值链这三种溢出效应中获益的。

全球价值链是一个微观现象。宏观层面的综合数据,可以描述一个国家整体参与全球价值链的情况,但无法阐明参与价值链的企业从事的具体任务和职能,而这些任务和职能对于理解全球价值链在世界经济中的演变和原因至关重要。正如 Gereffi、

## 第三章 全球价值链：中国出口爆炸性增长的催化剂

Humphrey 和 Sturgeon（2005）所指出的，价值链上主导企业与上游供应商之间的关系，决定了全球价值链在促进贸易、提高技术外溢方面的贡献和重要性。为了研究中国企业在全球价值链中的参与情况，以及中国出口产品对全球价值链溢出效应的依赖性，我首先从具体产品的价值链入手，来分析中国企业在制造这些产品中所从事的任务；然后我把分析范围扩大到具体的产业；最后再把分析范围扩大到所有的中国出口产品。具体而言，我先讨论中国企业在苹果手机和笔记本电脑价值链上扮演的角色，然后将讨论范围扩大到高科技产品类别，最后扩展到几乎包括所有制成品的加工贸易。

目前，如何量化一个国家参与全球价值链的程度，仍然是一个悬而未决的问题。在本章的分析中，我没有采用经济合作与发展组织定义的全球价值链参与指数，而是使用加工出口占出口的比例，作为衡量中国出口对全球价值链最小依赖度的指标。加工出口是全球价值链活动的一个具体组成部分。它可以清楚地揭示中国企业在价值链上从事的任务，为衡量与全球价值链相关的出口提供了一个非常直观的量化指标。在本章中，我利用中国高科技产品和双边贸易的加工出口数据，直接量化中国企业参与全球价值链的程度。在本章的最后，我将详细地解释为什么加工出口份额比全球价值链参与指数，更能准确地衡量中国出口对全球价值链的依赖程度。即使在宏观层面测度价值链参与度，这一优势也是存在的。此外，中国出口的劳动密集型产品，例如鞋、玩具、服装、家具和配饰等，大部分是为H&M、ZARA、优衣库和沃尔玛等全球品牌商和大型零售商生产的。这些出口产品一般不含任何进口中间产品或者外国增加值。但是，供应这些产品的中国企业，显然是全球品牌商和大型零售商经营运作的价值链的一部分。这些出口毫无疑问属于价值链贸易。在全球价值链时代，全球品牌商和大型零售商在国际贸易中扮演着越来越重要的角色。它们为其合同制造商生产的商品建立了全球批发和零售网络。中国企业与这些品牌商和零售商的合作关系，是分析批发和零售网络的溢出效应，促进中国商品进入国际市场最好的案例。加工出口需要进口中间投入品，用加工出口份额作为中国参与全球价值链的数量指标，与流行的全球价值链参与指数一样，都低估了中国出口产品对全球价值链的实际依赖程度。为了弥补这一方法的不足，以及说明跨国公司的批发和零售网络对中国出口奇迹的必要性，本章专门分析了沃尔玛等大型零售商在促进中国商品出口方面的作用。

## 全球价值链的溢出效应

全球价值链是一种新的商业运作形式。它是由多个国家参与开发、制造，最终向国际市场上的终端用户提供制成品的一种新的生产和贸易方式。技术发展带动的产品模块化，让一件产品的生产过程实现了全球范围内地理位置的分散化。近几十年来，全球价值链发展的主要驱动力，是前所未有的贸易和投资

## 第三章 全球价值链：中国出口爆炸性增长的催化剂

自由化、海运技术的创新，以及跨国公司追求利润最大化的行为（Baldwin，2016）。今天，大多数制成品都是沿着价值链生产和交易的。任何一个全球价值链，都是由从产品构思到交付给最终消费者的一系列任务组成的。这些任务包括产品的研究和开发、产品的设计、零部件制造、产品组装、市场推广、批发和零售等（Gereffi 和 Karina，2011）。位于不同国家的企业相互协调高效地完成了这一系列任务。价值链上每一家公司专门从事一项或多项与其比较优势一致的任务，为最终产品贡献部分增加值。全球价值链催生了生产任务专业化，而它代表了一种新的国际分工。与产品制造层面的传统专业化相比，价值链上的任务专业化是一个更为细化的专业化，它进一步提高了资源配置效率，推动了所有参与价值链国家劳动生产率的进步和经济增长。

参与价值链的非主导企业能否受益于溢出效应，取决于是否存在一个管理价值链运作并决定价值链各参与企业之间关系的主导企业。价值链主导企业，或者是拥有先进技术的企业，或者是品牌营销商，或者是大型零售商。它们负责组织全球价值链，并按照价值链参与企业的比较优势，来分配各种必要的任务。一般来说，如果我们把一件产品的任务进行分解，从制造所需的原材料到产品制造，再到最终把产品批发和卖给目标消费者，我们总可以很容易地勾勒出一条把所有参与这个过程的企业联系在一起的链条。但是，如果价值链上的各个企业之间没有以合同为基础的约束关系，即如果企业之间的关系只是简单的买卖关系，那么价值链对参与的非主导企业产生的溢出效应就会很少。一个没有主导企业的价值链，或者企业之间的关系仅仅是以市场买卖为基础，没有合同定义的长期关系，对其参与企业特别是发展中国家的企业，产生的溢出效应几乎为零。Gereffi、Humphrey 和 Sturgeon（2005）确定了价值链上企业之间五种不同类型的关系。在两种极端情况（垂直一体化企业和基于市场的关系）之间，有三种关系结构：模块式、关系式和从属式（在这种情况下，关系的管理和价值链的运作需要一个主导企业）。全球价值链按主导企业的特征，可分为生产者驱动的价值链和买方驱动的价值链。由汽车、飞机、计算机和半导体等资本密集型产业的技术领先者主导的全球价值链，属于生产者驱动型价值链。买方驱动型价值链通常由大型零售商、品牌营销商和品牌制造商组织（Gereffi，1999）。日本汽车制造商丰田公司领导的汽车价值链、苹果公司的 iPhone 价值链，都属于生产者驱动的全球价值链。沃尔玛利用其在美国和其他国家的广泛零售网络，通过向合同制造商采购商品建立了买方驱动的全球价值链。

下面我将从微观层面讨论全球价值链的溢出效应，并讨论溢出效应如何帮助中国企业克服进入国际市场的障碍，促进其在全球市场上的急剧扩张。廉价劳动力和所谓被低估的人民币，经常被看作中国企业的核心比较优势。表面看来，似乎只要企业能以低廉价格生产产品，就可以在国际市场上有竞争力和销售产品。事实上，国际市场的竞争比这个简单的推理要复杂得多。生产成本只是决定产品对外国消费者是否有吸引力、在国际市场上是否有竞争力的众多因素之一。技术进步导致的制造业模块化，大大降低了许多行业的进入壁垒。今天，企业通过购买机器设备、标准零部件、标准功能模块，以及系统集成软件，就可以生产/组装大部分制造品，甚至所谓高科技产品。但是，品牌和全球销售网络等无形资产，则是许多企业特别是发展中国家的企业，进入国际市场的主要障碍（Kaplinski，2000）。

### 1. 品牌的溢出效应

全球价值链的三大溢出效应之一，来自全球价值链主导企业拥有的国际知名品牌。这些企业对品牌发展的投资和推广，通常会产生积极的外部性，使价值链上的所有企业受益。品牌是消费者购物选择的关键决定因素之一。消费者拥有的关于产品制造材料和质量的信息，大大少于制造企业。在这种信息不对称的情况下，消费者一般将公众认可的品牌视为产品质量的保证（Bronnenberg，Dube 和 Gentzkow，2012）。此外，当消费者面对大量的差异化产品时（在目前大规模生产的时代，这种情况很常见），品牌可以简化常规购买决策过程，便于消费者选择。在购买时装、珠宝、手表和运动鞋等类产品时，以品牌为导向的消费者，往往会选择体现自己想要塑造的形象的品牌产品。在电子和高科技产品领域，对消费者而言，品牌代表着技术前沿和趋势；在奢侈品领域，品牌总是与社会声誉相关联（Chipman，2019）。大多数消费者，尤其是发达国家的消费者和发展中国家中高收入阶层的消费者，在购物时往往以品牌为导向，对品牌产品有较高的支付意愿。因此，对于新进入国际市场的企业，尤其是来自发展中国家的企业而言，要想在由成熟品牌主导的国际市场上生存，是非常具有挑战性的。品牌导致的消费者黏性，往往会削弱消费者用新的替代品取代习惯使用的品牌产品的意愿。消费者对特定品牌的偏爱，使现有品牌产品生产商在市场竞争中获得优势，为新进入市场的企业设置了障碍。知名品牌产品，往往可以自信地向客户收取相对高的品牌溢价。在品牌导向盛行的市场上，低价格往往不能给产品带来竞争优势（Credit Suisse，2010）。

研究显示，品牌服装占据了欧洲服装市场80%的份额，只有20%是自有品牌和非品牌服装（Thelle，2012）。耐克和阿迪达斯几乎垄断了全球运动鞋市场。2018年，耐克占据了全球580亿美元运动鞋市场的42%，阿迪达斯的全球市场份额是26%。两家公司合计控制了超过三分之二的全球运动鞋市场（Russell，2019）。

尽管中国经济经历了40多年的高速增长，但中国本土企业并没有培育出一批全球知名品牌。在2019年全球知名品牌排行榜上，华为是榜上唯一的中国品牌。中国是全球最大的鞋类出口国，但在拥有知名品牌的全球十大制鞋企业中却没有中国企业。创立和维持全球知名品牌，需要有充足的广告预算进行全球市场推广活动，这远远超出了大多数处于发展初期的中国企业的能力。此外，产品在消费者心目中的形象，与一个国家的文化和产业发展历史紧密相连：法国香水、意大利时装、日本汽车、瑞士手表等，被众多消费者默认为是高品质、时尚的产品。这种固定思维使中国企业在国际市场上推销自有品牌产品时更加困难。

买方驱动的价值链，通常由全球品牌的所有者主导。流行时尚品牌H&M、ZARA、GAP和优衣库都是买方驱动价值链的主

图 3.1 中国制造的世界流行品牌时装

导企业。在个人电脑和手持平板电脑领域，戴尔、惠普、iPad、Kindle 和三星目前在国际市场上占据主导地位。这些品牌营销商，普遍利用其对品牌的垄断力，组织价值链，建立全球分销网络，在全球范围内推销产品。它们在中国雇用了成千上万家合同制造商。中国企业如果以组装工厂或原始设备制造商（OEM）的身份加入买方驱动的价值链，就可以绕过与品牌相关的障碍，利用外国消费者对国际品牌的偏好和认知度，以国外知名品牌的名义把自己制造/组装的产品行销到国际市场。因为中国企业是全球价值链的一部分，国际市场上由品牌驱动的需求就会自动转化为对这些中国企业制造的产品的需求。与同等成本或成本更低的非品牌产品相比，国际品牌的标签显然加强了中国制造产品的竞争力，增强了对消费者的吸引力，从而极大地促进了中国制造的产品进入国际市场，推动了中国出口的显著增长。尽管为品牌商生产/组装产品的中国企业，对品牌在世界市场上的推广和发展没有任何资本投入，但这些企业都可以自动享受价值链主导企业的品牌效应，它们的出口会随着价值链主导企业品牌知名度的上升而不断增长。例如，随着日本休闲时装品牌"优衣库"在越来越多的国家流行，贴有"优衣库"品牌标签的中国制造服装就顺利地进入了越来越多的国外市场。无论是劳动密集型产品，还是技术密集型产品，所有以外国品牌销售的中国制造品，实际上都获益于这些品牌的溢出效应。外国品牌的溢出效应是帮助中国出口产品进入国际市场，并实现快速增长的一个主要外部因素。

### 2. 技术和产品创新的溢出效应

全球价值链的第二个溢出效应，源于全球价值链主导企业的技术和产品创新。创新会催生功能和技术改进的新一代产品以及全新的产品，从而培育出新产品市场或拉动对产品更新换代的需求。在很大程度上，新的快速增长的市场，都是由跨国公司的技术创新和产品发明培育出来的。由美国企业主导的信息和通信技术的不断创新，催生了各种电子产品，例如个人电脑、数码相机、智能手机和手持平板电脑等。这些产品的推出，开辟了一系列新的产品市场。目前，全球消费者对信息和通信技术产品的需求，已经大大超越了传统商品。2012年，信息和通信技术产品已经成为全球贸易量最大的产品类别。全球信息和通信技术产品的进口额上升到2万亿美元，约占世界商品贸易总额的11%，超过了农产品和机动车等传统商品的进口额（UNCTAD, 2014）。

## 第三章 全球价值链：中国出口爆炸性增长的催化剂

为了实施出口导向型增长战略，中国企业必须参与到新开发的市场，从全球消费者对笔记本电脑、智能手机和数码相机等商品的快速增长的需求中获益。然而，信息和通信技术产品制造依赖的知识产权，绝大多数由发达国家的跨国公司垄断。跨国公司在制造这些高技术产品方面具有比较优势，而中国企业则没有。此外，由于受到人力资源短缺、研发投资不足、产业发展历史短，以及积累经验不足等因素的制约，中国企业发现，它们利用自有技术研制的高科技产品，无法在国际市场上与在高科技产品领域拥有先进技术的跨国公司的产品竞争。

然而，跨国公司价值链在全球的扩张，为中国企业提供了一条进入高科技产品市场的捷径，即使中国企业没有独立生产这些产品的技术能力，它们也可以从这类市场快速增长的需求中获益。任何一种新开发的技术产品，不仅需要核心技术部件，也需要低技术含量的标准零部件以及劳动密集型服务。例如，智能手机需要核心部件：操作系统、CPU、内存芯片和摄像头传感器。生产这类核心部件的技术门槛很高。中国企业要想进入这些领域并成为有实力的竞争者，是非常具有挑战性的。另一方面，制造一部智能手机也需要一些标准件，如电池、天线、相机镜头滤光镜，以及测试和组装等低技术服务。通过专门从事高科技产品价值链中的低附加值工作（例如，生产标准部件以及组装最终制成品），中国企业就可以参与高科技产品的价值创造过程，受益于不断增长的全球市场，并与发明和设计产品的价值链主导企业的共同成长。由于承接的是低技术含量的任务，加入价值链的中国企业从每一件产品中获得的单位增加值占产品总价值的比重比较低。例如在第一代 iPhone 的制造过程中，中国获得的增加值只有 6.5 美元，相当于全部制造过程增加值的 3.6%。然而，世界市场的巨大规模，为这些企业提供了巨大的增长潜力和实现规模经济的环境。

当全球价值链主导企业对产品进行更新换代，或者推出全新产品时，国际市场上对这些产品增加的需求就会外溢。它会自动转化为对参与这些产品价值链的中国企业所制造的零部件或者提供的低技术服务（例如组装工作）的需求。例如，中国企业欣旺达是 iPhone X 的电池供应商。全球市场对 iPhone X 不断增加的需求，就自动转化为对欣旺达电池的需求。但是，欣旺达并没有参与 iPhone X 的研发，也没有能力制造智能手机。欣旺达参与苹果公司的 iPhone 价值链，就是中国企业从全球价值链主导企业的技术和产品创新的溢出效应中获益的一个代表。需要注意的是，这里讨论的溢出效应与传统文献中关于技术和生产率增长的分析是不一样的。全球价值链的技术和产品创新的溢出效应，是指中国企业在没有必要的技术，也没有任何比较优势的情况下，通过参与全球价值链而有机会进入高技术产品的世界市场，并从快速增长的市场需求中获益。

不仅发展中国家的公司可以从全球价值链主导企业的创新活动中受益，工业化国家的企业也同样可以受益。例如，日本东芝公司很早就发明了一种 1.8 英寸的小型磁盘驱动器，大约只有 25 美分硬币大小，可存储 5 千兆字节。这个小型磁盘驱动器研制出来后，东芝公司的工程师不知道如何让它商业化。苹果公司工程师在设计第一款 iPod 音乐播放器时，需要一种能够存储几百首歌曲的小型硬盘。2001 年，当苹果公司的职员访问东芝公司时，东芝工程师向 iPod 的首席架构师乔纳森·鲁宾斯坦（Jonathan Rubinstein）展示了这块小小的磁盘。乔纳森立刻就看出这就是 iPod 需要的存储器。在征得乔布斯的同意后，他用 1000 万美元获得了向东芝购买这些驱动器的独家购买权。在苹果公司推出 iPod 后，市场上的 MP3 音乐播放器就消失了。iPod 成功地垄断了全球音乐播放器市场。iPod 的成功，同时也给东芝发明的磁盘驱动器带来了新的商业生命。作为苹果公司的供应商，东芝从苹果发明的 iPod 产品的溢出效应中，获得了巨大商业利益。

图 3.2　苹果公司 2001 年发布的第一代 iPod

同样，在 20 世纪 60 年代，美国的康宁玻璃公司发明了大猩猩玻璃（Gorilla Glass），这种玻璃薄却坚固抗划。多年来，该公司一直没有为大猩猩玻璃找到一个可以使用的市场。在设计 iPhone 的过程中，乔布斯指示他的团队寻找一种比任何塑料更耐刮、外观更优雅的玻璃盖。在朋友的介绍下，乔布斯发现康宁的大猩猩玻璃是最适合做 iPhone 屏幕的材料（Isaacson，2011）。iPhone 智能手机的流行，为大猩猩玻璃找到了市场，让它成为康宁玻璃公司的一棵摇钱树。目前，大猩猩玻璃已经被用在超过 60 亿台电子设备上。苹果公司发明的新产品 iPod 和 iPhone 为东芝的小磁盘和康宁的大猩猩玻璃带来了商业生命。这是全球价值链的技术和产品创新的溢出效应为参与价值链的公司带来巨额商业利益的著名案例。

### 3. 批发和零售网络的溢出效应

全球价值链的第三个溢出效应，来自价值链主导企业建立的全球批发和零售网络。传统贸易理论通常认为，出口是企业直接向外国消费者销售产品。实际上，批发商和零售商，是本国生产企业与国外最终消费者之间必要的桥梁，它们左右着贸易模式和收益分配。批发和零售网络是连接国内供应商和国外消费者必需的基础设施。通常出口商与海外批发或者零售商之间的联系，是出口商了解国际市场上消费者偏好信息的重要渠道（Egan 和 Mody，1992）。在海外销售产品，往往比在国内销售产品更具挑战性。它需要联系各个国家消费者的批发和零售网络，只有通过这些网络，商品才可以接触到数十亿的海外消费者。产品声誉、品牌知名度、产品质量以及售后服务等，往往是海外市场上批发商／零售商同意经销，并将产品摆上零售店货架的前提。中国企业在刚进入世界市场时，并不具备这些特点。所以，要说服现有的经销商和零售商经营中国制造的商品，是一项艰巨的任务。在许多国家建立广泛的批发和零售网络，例如开设类似苹果专卖店的销售网络，成本非常高，对于大多数中国企业尤其是中小型企业来说，几乎是不可能的任务。

所有价值链的主导企业都是买方。它们负责批发和零售。对于那些没有自己的全球批发和零售网络的企业来说，加入全球价值链，可以缓解信息不足，降低交易成本，促进市场准入。利用全球价值链的溢出效应，中国企业不仅能够成功地进入世界市场，而且摆脱了将产品推销给地理位置分散的消费者的顾虑。ZARA、H&M、优衣库等全球零售商，拥有上百家中国供应商，通过全球零售网络销售中国制造的产品，增加了中国商品进入国际市场的机会，刺激了中国出口的增长。

目前流行的新-新贸易理论（Inomata，2017）强调企业的异质性，认为建立海外批发网络、了解国外法规和消费者偏好、制作商业广告、进行产品推广等一系列工作的成本，通常会阻碍企业将产品出口到国际市场。因此，只有规模较大、生产效率较高的企业才能进入国际市场，而生产效率较低的企业只能服务于本地市场。新-新贸易理论实际上有一个不言而喻的假设，即当企业将产品出口到国外时，从研究开发到产品制造，再到向消费者推销等一系列工作，全部由出口企业来完成。这一假设对于以价值链为基础的现代贸易并不成立。在以价值链为基础的贸易中，主导企业和非主导企业之间有着明确的分工。主导企业负责产品设计、批发和零售，而非主导企业则专门从事零部件的生产和最终产品的组装。产品设计和市场营销等方面的固定成本,由主导企业承担。原则上,合同制造商是按照主导企业的指示,生产什么样的商品,生产多少,应该把产品运往哪个市场。它们根本不负责批发、零售和市场推广工作。因此,中国企业一旦以合同制造商或零部件供应商的身份加入全球价值链,它们就无须承担在国际市场销售产品的财务负担和市场推广成本。它们生产的产品,会全部通过全球价值链主导企业建立的批发和零售网络销售。

全球价值链这三种溢出效应,实际上消除了新-新贸易理论中强调的出口商必须支付的固定成本负担。一些实证研究发现,生产效率较低的中国企业的出口量大于生产效率较高的企业。例如,Lu(2010)发现中国的出口企业通常比非出口企业生产效率低,在国内市场的销售量也较少。Dai、Maitra 和 Yu(2016)证明,从事加工出口的中国企业生产效率相对较低。Malikov、Zhao 和 Kumbhakar(2017)研究了28个行业的中国企业,发现出口企业的生产效率总体上比非出口企业低。这些实证研究的结果与新-新贸易理论是矛盾的。全球价值链的溢出效应就可以完美地解释这些矛盾之处。

## 全球价值链与中国出口的全球扩张趋势

在下面的章节中,我将用具体事实来说明中国出口对全球价值

第三章 全球价值链：中国出口爆炸性增长的催化剂

链的依赖性，以及全球价值链对促进中国出口增长的决定性作用。

## 全球价值链与中国的 iPhone 出口

目前中国是唯一出口美国苹果公司研发的智能手机 iPhone 的国家的。国际市场上出售的 iPhone 都是在中国组装后出口到各个国家的。iPhone 是在苹果公司运作的复杂价值链上生产的流行高科技产品。在 iPhone 价值链中，苹果公司负责设计和 iOS 操作系统，并将 iPhone 零部件的生产和组装外包给日本、韩国、中国等国的企业。所有与 iPhone 贸易相关的跨境交易，如 iPhone 零部件的进口和组装好的 iPhone 出口，都属于价值链贸易。美国市场上销售的 iPhone 全部来自中国。从贸易形态上看，中国向 iPhone 的发明地美国出口 iPhone 的事实，似乎并不符合李嘉图比较优势理论或者赫克歇尔－奥林资源禀赋理论。根据这些古典贸易理论，中国应该向拥有先进技术的美国出口低技术、劳动密集型产品。然而，中国向美国出口 iPhone 的事实，却很容易用全球价值链理论来解释。

中国向美国和其他国家出口 iPhone，并不是因为其拥有技术优势，而是参与苹果价值链的结果。每部 iPhone 的背面都有这样一句话：苹果在加州设计，在中国组装。从第一代苹果手机到目前的 5G 苹果手机，这句话是每一部苹果手机的标志性宣言，不同的是现在这句话被印在包装手机的盒子上了。这句话传递的信息很明确：中国在 iPhone 价值链中的角色仅仅是将零部件（其

73

中大部分,尤其是核心部件由其他国家制造)组装成可以使用的iPhone,然后发往全世界。由于中国是iPhone的组装基地,出口到世界市场上的iPhone自然就成了中国出口的一部分。然而,对苹果手机的拆解分析(Xing和Detert,2010;Xing,2020)显示,包括CPU、NAND、DRAM和触摸屏在内的核心部件,都不是中国本土企业制造的。制造iPhone所需的技术超出了中国组装企业的技术能力。中国出口高科技产品iPhone到美国和其他国家的现象,与中国本土企业的技术能力无关,这是中国企业参与苹果价值链并负责组装任务的结果。中国通过iPhone出口的是制造苹果手机必需的低技术的服务——组装,以及低技术含量的标准配件。通过加入iPhone供应链,中国企业获得了向世界iPhone用户出售其低技术服务的机会。中国iPhone出口的快速增长,不能归结为任何中国特有的因素,而是苹果的品牌、先进的技术和面向全球消费者的线上、线下苹果商店带动的。

图3.3显示了2009年和2015年中国对美国的iPhone出口情况。2009年,中国向美国出口了1130万部iPhone,价值20.2亿美元;2015年,这一数字跃升至3185万部,价值约75.2亿美元。6年时间里,中国对美国的iPhone出口量和货币价值几乎翻了三倍。这种大幅增长在多大程度上与中国的技术进步、廉价劳动力的比较优势、人民币与美元的挂钩政策或其他中国特有的因素有关呢?实际上是没有关系。

首先,2009年至2015年,iPhone从iPhone 3G发展到iPhone 6s,零售价也随之从500美元上升到650美元。iPhone价格的这

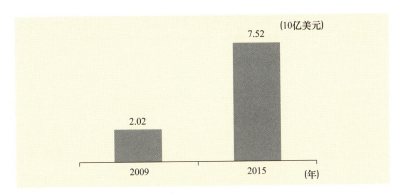

图 3.3　中国对美国的 iPhone 出口

资料来源：Xing 和 Detert（2010）根据 HIS 的 iPhone 6 拆机数据和 Finder.com 的 iPhone 销售统计数字估计。

一增长表明，由中国廉价劳动力的比较优势导致的低价格因素，显然不会是中国 iPhone 对美国出口激增的原因之一。事实上，从 2009 年到 2015 年，中国工人的年平均名义工资从 3.27 万元上升到 6.32 万元，增幅近 100%。不仅如此，同期人民币兑美元升值 8.8%，从 6.83 元/美元升值到 6.23 元/美元，所以实际上中国工人的平均工资以美元计价的涨幅，甚至超过了人民币。中国名义工资的快速上涨和人民币升值，导致中国的单位劳动力成本大幅增加，这进一步说明廉价劳动力和所谓被低估的人民币，不是 iPhone 对美国出口增加的原因。综上所述，iPhone 出口的大幅增长，不能归结为任何中国特有的因素，而是苹果公司的创新和市场营销活动，推动了美国消费者对 iPhone 的需求。当越来越多的美国消费者被 iPhone 的时尚设计和尖端技术所吸引，中国工厂就会组装更多的 iPhone 并运往美国，从而推动了中国对美国 iPhone 出口的快速增长。

表 3.1　中国笔记本电脑的出口

| 年份 | 价值（10亿美元） | 占世界笔记本电脑出口的百分比 | 单位（百万台） | 占世界笔记本电脑出口的百分比 |
|---|---|---|---|---|
| 2000 | 0.21 | 0.81 | 0.12 | 0.59 |
| 2005 | 29.90 | 53.4 | 41.35 | 55.9 |
| 2010 | 95.34 | 72.3 | 193.91 | 74.9 |
| 2018 | 95.88 | 70.3 | 250.20 | 70.3 |

资料来源：UN COMTRADE 和笔者的计算。

中国出口的笔记本电脑垄断世界市场的现象，是全球价值链带动中国出口增长的另一个例子。表 3.1 总结了 2000—2018 年间，中国笔记本电脑出口的爆发式增长。2000 年，中国出口笔记本电脑 12 万台，价值 2.1 亿美元，不到全世界笔记本电脑出口量的 1%。到 2005 年，中国笔记本电脑年出口量猛增到 4135 万台，超过世界出口量的一半；出口的笔记本电脑价值达到 299 亿美元，占当年中国出口总额的 4%。这一数字还在继续飙升，2010 年达到 1.94 亿台，占全球笔记本电脑出口量的四分之三。仅仅 10 年时间，中国笔记本电脑的出口量就从不到 1% 上升到占世界笔记本电脑出口量的 74.9%。这一变化，可以说是一个奇迹。许多研究中国经济的学者和观察家都很好奇，是什么魔力让中国从一个不起眼的小角色，在短短 10 年间变成了世界笔记本电脑市场的霸主？

笔记本电脑是由日本东芝公司发明的。所有的笔记本电脑不是运行在美国微软公司的 Windows 操作系统上，就是运行在苹果公司的操作系统上。英特尔和 AMD 两家美国公司一直垄断着笔记本电脑的心脏——CPU 的市场。目前中国的企业依然不具备生产笔记本电脑所需的核心技术,更不用说在出口 1.94 亿台电脑成为世界第一的 2010 年了。对一台在中国组装的惠普笔记本电脑的拆解分析显示,没有一家中国公司提供了笔记本电脑的任何核心部件,中国工人的组装只贡献了相当于零售价 6.1% 的增加值(Dedrick,Kraemer 和 Linden,2010)。

2017 年,联想作为最受欢迎的中国笔记本电脑品牌,在全球笔记本电脑市场占有 20.2% 的份额;中国市场对这一份额做出了主要贡献。在全球笔记本电脑十大品牌中,联想是唯一的中国品牌。在中国市场之外,联想的份额要小得多。在海外市场上销售的中国制造的笔记本电脑,大多是为国外品牌商生产的,属于国外品牌商经营的笔记本电脑价值链的产品。2017 年,惠普是世界最大的笔记本电脑厂商,占全球市场的 24.3%;戴尔占 15.2%,苹果占 9.6%(Trend Force,2018)。这些公司的笔记本电脑,大

Designed by Apple in California Assembled in China

图 3.4 苹果公司在加州设计中国组装的 iMac

部分都是在中国组装的,例如苹果的笔记本电脑100%是"苹果在加州设计,在中国组装"的(图3.4)。中国企业为这些品牌商组装的笔记本电脑在进入世界市场时,全部变成了中国出口的笔记本电脑了。而世界笔记本电脑市场的竞争,主要是由惠普、联想、戴尔和苹果之间的竞争构成,不是中国制造的笔记本电脑与其他地方制造的笔记本电脑之间的竞争。因此,中国产笔记本电脑在国际市场上的竞争力,基本上不是由中国的比较优势决定的。

计算机产业发展的历史表明,个人计算机生产的模块化,推动了计算机行业全球价值链的发展。模块化使得计算机不同功能的部件,可以独立设计,在不同地点生产,然后运送到劳动力低廉的国家进行组装。中国笔记本电脑行业的迅速扩张,主要归功于组装产能从台湾地区到大陆的转移。在中国成为世界最大的个人电脑出口国之前,台湾地区是信息和通信技术产品的主要生产基地。为了加强竞争力,降低生产成本,台湾地区的信息和通信企业从2000年开始,逐渐将组装厂转移到大陆,这极大地促进了中国笔记本电脑的生产和出口量。2007年由富士康、Pegatron和仁宝电子等台湾地区企业生产的笔记本电脑,97.5%是由其位于大陆的工厂组装的。笔记本电脑价值链组装环节从台湾地区迁移到大陆,以及全球几大笔记本电脑制造商,例如惠普、戴尔、苹果公司的外包行动,使中国成为世界第一大笔记本电脑出口国(Xing,2013)。

第三章　全球价值链：中国出口爆炸性增长的催化剂

## 全球价值链与中国高科技产品出口

iPhone 和笔记本电脑是两个代表性的电子产品，它们都依赖全球价值链生产和在全球范围内销售。这两种产品对价值链的依赖，也许不足以全面论证全球价值链对中国出口增长的重要性和不可或缺性。为了避免样本小导致的偏差，下面我将对中国出口与全球价值链关系的分析范围，扩大到全体高科技产品。这些产品约占中国出口的三分之一。正如我在第二章中所指出的，根据传统贸易统计数据，中国在高科技产品出口方面已经超过美国、德国和日本，成为世界第一大高科技产品出口国。2018 年，美国与中国在高科技产品贸易上的逆差超过 1300 亿美元。Rodrik（2006）将中国高科技产品出口的显著表现，归功于中国政府的科技政策。Berger 和 Martin（2013）认为，中国在笔记本电脑和手机等少数高科技产品上的优势，源于中国政府成功的产业政策。

不可否认，中国的研发投入和产业政策，为中国企业技术能力的提升做出了巨大贡献。然而，我很难想象，仅凭这些因素就能推动中国的高科技产品出口，在不到 20 年的时间里增长 600 多倍，甚至将世界公认的科技大国美国甩在身后。对这些高科技出口产品的制造过程，以及其在全球市场上销售网络的分析表明，中国在高科技产品出口方面取得的显著成就，应归功于它在高科技产品全球价值链中的组装者地位。因为，中国既不是这些产品领域的技术领导者，也不是这些产品的发明者。中国企业到目前为止依然不具备生产这些高科技产品的核心部件的能力。

利用加工贸易生产和出口高科技产品,是中国高科技产品出口的主要方式。所谓高科技产品加工出口,就是利用进口零部件组装成制成品,然后出口海外市场。这些进口的零部件绝大部分是决定高科技产品技术功能的核心部件。利用进口零部件制造最终产品(例如组装 iPhone,组装索尼游戏机,组装笔记本电脑等)并出口到国外,是典型的全球价值链活动的一部分。根据中国海关的规定,中国企业从事加工贸易需要经过海关的资格认证。中国企业在申请加工贸易资格时,要出示与国外买家的合同。简而言之,从事加工出口的中国企业,都是为国外买家提供产品的合同制造商。它们从事的任务就是按照跨国公司的产品设计,制造/组装最终产品,例如为苹果公司组装 iPhone、为索尼公司组装 PS-4 游戏机、为亚马逊公司组装 Kindle 阅读器等。中国的组装加工企业与国外买家之间的约束性合同,确定了中国企业在全球价值链的位置和任务,以及与价值链主导企业之间的从属关系。简单而言,所有高科技产品的加工出口都是价值链贸易的一部分。高科技产品的加工出口在中国全部高科技产品出口中的比例,就是直接衡量中国高科技产品出口对全球价值链依赖度最直接的量化指标。

图 3.5 显示了 1997—2016 年间加工出口在中国高科技产品出口中的比例,以及这一时期高科技产品出口在中国整体出口中的比重。在 1997 年,中国高科技产品出口的 80.6% 属于加工出口贸易,即中国高科技产品出口中 80% 以上是以价值链方式制造和出口。此后,高科技产品出口对价值链贸易的依赖强度一直在稳

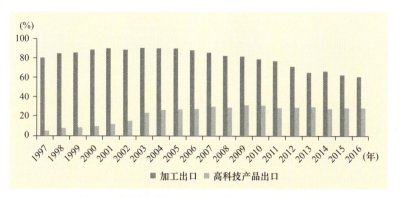

图 3.5　中国高科技产品出口对全球价值链的依赖度
资料来源：笔者根据中国海关总署数据计算。

步上升。2003 年，超过 90% 的高科技产品出口属于加工出口贸易，这进一步强化了中国高科技产品出口与全球价值链的关系。在 2008 年的全球金融危机爆发前，加工出口一直占中国高科技产品出口的 80% 以上。中国高科技产品出口对加工出口贸易的高度依赖，清楚地说明了中国高科技产品出口企业，已经深度地参与到高科技产品的全球价值链中。在这些产品的价值链中，中国企业通过提供低技术的服务和标准的外围部件，为这些产品贡献增加值。但是，它们并没有参与决定这些产品技术参数和功能的核心部件的设计、研发与制造。另一方面，全球消费者对这些中国制造 / 组装的高科技产品（如智能手机、笔记本电脑、手持平板电脑和数码相机）的偏好和热情，源于这些产品的新技术，而不是组装这些产品的廉价劳动力。装配是制造所有高科技产品的必要步骤，它为中国企业利用廉价劳动力参与生产高科技产品提供了机会。哪个国家的企业组装这些产品，一般对消费者的购买决策影响不大。由于中国成了全球高科技产品的制造和组装中心，中国的高科技产品出口，就自动随着跨国公司的技术创新、品牌知名度的提升以及全球批发和零售网络的扩张而增长。

例如，惠普、IBM、戴尔、思科、Unisys、微软和英特尔是美国联邦政府的主要信息技术产品供应商，但中国却是这些美国供应商产品的主要来源地。平均而言，这七家商业信息技术供应商向美国联邦政府供应的产品中，51% 来自中国。微软提供的产品中，73% 是在中国制造的（Beeny, Bisceglie, Wildasin 和 Cheng, 2018）。显然，这七家美国公司主导的价值链，为中国制造/组装的信息技术产品进入美国联邦政府的采购市场提供了有效渠道。如果中国企业没有参与到这些美国公司的价值链中，中国制造/组装的信息技术产品是不可能占有美国联邦政府采购量的一半以上的。这一案例清楚地说明，中国成为世界第一大高科技产品出口国，主要源于参与高科技产品全球价值链的结果。中国高科技产品出口的爆炸性增长，是由中国高科技产品中所蕴含的外国技术、所附带的外国品牌，以及跨国公司的全球批发和零售网络推动的。

近年来，人民币升值和中国工人工资的快速上涨，逐渐削弱了中国在高科技产品组装方面的比较优势。一些跨国公司已经将组装任务逐渐移出中国，迁往越南、印度等劳动力成本更低的国家。例如，韩国的三星公司已经在 2019 年前，将中国智能手机组装工厂完全转移到越南。此外，中国的许多企业已经具备了生产一些进口零部件替代品的技术能力，加工出口在中国高科技产

第三章　全球价值链：中国出口爆炸性增长的催化剂

品出口中的比重逐渐下降。但是，在 2016 年加工出口仍占中国高科技产品出口总额的一半以上，大约为 60.8%。

## 全球价值链与中国整体出口

加工出口不仅是中国高科技产品出口的主要方式，也是低技术和劳动密集型产品的主要出口方式。在过去 40 年中，加工出口对中国出口的快速增长贡献最大。20 世纪 80 年代初，加工出口占中国出口总额的比重还不到十分之一。在当时良好的政策环境支持下，加工出口的增长速度不断超过出口总额的增长速度，加工出口占中国出口总额的比重迅速上升，导致中国整体出口对全球价值链的依赖程度越来越高。1995 年加工出口已经占到中国出口的 50%，这就意味着中国至少有一半的出口是通过全球价值链进入国际市场的。1999 年，加工出口达到 57% 的峰值。 在 2000—2007 年间，中国出口年增长率超过 20%；在此期间，加工出口一直占中国出口的一半以上。全球金融危机后，由于工资上涨和人民币升值，加工出口比重逐渐下降。加工出口增长缓慢，直接导致中国出口增速下降到 10% 以下（Xing，2018）。2018 年加工出口仅占中国出口总额的三分之一。过去 40 年加工出口的兴衰和对中国出口增长的贡献，直接说明了全球价值链对中国出口奇迹的决定性贡献。

通过以加工出口作为参与全球价值链指标的分析，我们也可以清楚地看到，全球价值链实际上是中国商品进入高收入国家的有效渠道。美国是中国商品的最大出口市场，日本则次之。一般来说，高收入国家的市场比低收入国家的市场竞争更激烈。高收入国家的消费者偏好，往往以品牌和产品的技术为导向，而中国企业在这些领域一般没有比较优势。但是，跨国公司把全球价值链朝着中国不断延伸，为中国企业进入高收入国家市场提供了一条通道。

贸易统计数据显示，在中国出口高速增长的时期，加工出口曾经是中国对美国、日本和德国出口的主要形式，这直接说明了全球价值链对中国制造产品进入高收入国家的重要性。图3.6显示了1995年至2014年加工出口在中国对美国、日本和德国出口中的比重。1995年，中国对美国出口中69.2%为加工出口。在随后的三年中，加工出口的比重每年都超过70%。1995—2014年间，

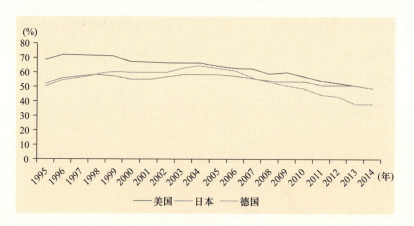

**图3.6 加工出口占中国对美国、日本和德国出口的比重**
资料来源：笔者根据中国海关总署数据计算。

第三章 全球价值链：中国出口爆炸性增长的催化剂

加工出口平均占中国对美国出口的65%左右。在2005年之前的几年里，中国对日本和德国的加工出口增长迅速，远高于普通出口。中国对日本的加工出口占比，从1995年的52%上升到2005年的59%；同期，中国对德国的加工出口占比则从51.2%上升到65%。2014年加工出口依然占对美国和日本出口的50%左右。此后，加工出口比重逐渐下降。

## 沃尔玛在中国对美国出口中的角色

对于努力向全球消费者销售产品的中国企业来说，加工出口是进入全球市场的手段之一。对于服装、鞋类、玩具、家具、饰品等低成本、劳动密集型产品，中国企业完全可以在国内购买必需的原材料进行生产，不需要从海外进口中间投入品。但是，成千上万家这类企业，通过成为指定供应商参与了由沃尔玛、凯马特、开市客（Costco）、家得宝（Home Depot）和塔吉特等大型零售商主导的买方驱动型价值链，才得以把产品销售给遍布全世界的消费者。在过去的几十年里，大型零售商参与国际市场的程度越来越高，已经成为国际贸易的主要推动力。它们绕过批发商直接向国外制造商采购商品。此外，大型零售商还负责产品设计，制定产品标准，并向供应商提供有关消费者行为和产品流行信息，从而帮助制造商在国际市场推广其产品（Nordas，2008）。大型零售商在全球零售业中的份额越来越大。例如在美国，大型零售商占美国进口总额的9%，占美国从中国进口总值的60%（Bernard，Jensen，Redding和Schott，2010）。在与中国的双边贸

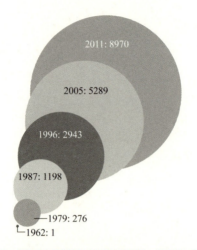

**图 3.7　沃尔玛连锁店在全球的扩张：1962—2011**

资料来源：Mother Jones。

易中，美国大型零售商比小型零售商活跃得多。据估计，美国大型零售商从中国进口的边际倾向比小型零售商高 17 个百分点（Baskers 和 Van，2007）。连锁零售企业店面的不断扩张，使进口商品可以进入更多的市场，并降低了零售商的边际成本，从而推动进口商品市场进一步扩大。连锁店规模和进口量之间的良性互动，不断推动进口增长。中国是美国大型连锁零售商产品的主要来源地，中国对美国出口从这种良性互动中受益匪浅。

沃尔玛是美国最大的传统零售商。截至 2018 年，它在美国拥有的门店数量超过 4500 家，分布在所有 50 个州，它还拥有 550 家山姆俱乐部。沃尔玛占全美零售额的 6.5%。在 2005 年，46% 的美国人居住在离沃尔玛或山姆俱乐部商店 5 英里以内的地方，88% 的美国居民住在离其中一家 15 英里以内的地方（Basker

和 Van，2007）。"天天低价"是沃尔玛商店的座右铭。沃尔玛专门销售相对低端的产品，这类产品的生产不需要大量资本投入。中国作为低成本生产中心的出现，使得沃尔玛与中国形成了类似合资企业的关系，这是美国从中国进口量上升的一个重要催化剂。在沃尔玛的 6 万家供应商中，80% 以上来自中国；沃尔玛的全球采购办公室就设在中国深圳（Gereffi 和 Christian，2009）。显然，沃尔玛的所有中国供应商都是沃尔玛主导的价值链的参与者。它们的产品通过沃尔玛的零售网络销售给美国的消费者，这是沃尔玛中国供应商进入美国市场不可缺少的基础设施。中国供应商与沃尔玛之间的分工，使中国供应商无须在营销、批发和零售方面进行固定投资，也不需要投入资金和人力了解美国消费者的喜好以及美国消费市场的发展趋势。因为这些企业都是按照沃尔玛的产品设计和标准进行生产的。当这些中国企业生产的产品按照沃尔玛的订单运往美国时，在海关统计上就成为中国对美国的出口。

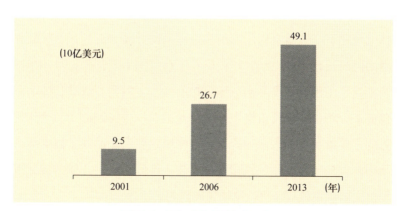

图 3.8　沃尔玛从中国的进口额

资料来源：Scott（2015）。

图 3.8 显示了 2001—2013 年间沃尔玛从中国进口商品的惊人增长。2001 年，沃尔玛进口了 95 亿美元的中国商品；5 年后，这一数字几乎翻了三倍，达到 267 亿美元。到 2013 年，沃尔玛从中国的进口额增长了近 5 倍，激增至 491 亿美元，相当于当年美国从中国进口额的 10%。除了中国商品的低成本优势外，这一时期沃尔玛连锁店在美国的快速扩张，是推动沃尔玛从中国进口爆发式增长的关键因素。如果这些中国企业不是指定的沃尔玛供应商，它们对美国的出口不可能在这么短的时间内猛增 5 倍，也不可能利用沃尔玛遍布全美国的零售网络，轻而易举地把商品卖到美国的千家万户。

和沃尔玛一样，很多全球时尚品牌厂商的合同供应商大多位于中国。2018 年，优衣库有超过 90% 的供应商在中国，H&M 有 800 多家中国供应商，耐克有 100 多家中国供应商。这些全球时尚品牌制造商专注于产品设计、分销和零售，而它们的中国供应商则专门从事生产。这些跨国公司与中国企业合作，开始的时候是低廉的生产成本吸引了它们从中国采购产品。此后，全球品牌商的时尚设计不断更新，连锁店在全球范围不断扩张，进一步持续推动了中国制造产品向全球出口的增长。因此，从增长的动态角度来分析，全球价值链主导企业是推动"中国制造"在全球扩张的主要推手。加入全球价值链的中国企业利用品牌、技术和产品创新以及销售网络的溢出效应，进入国际市场，并借力国际市场巨大的规模效应获得持续增长的动力。

第三章 全球价值链：中国出口爆炸性增长的催化剂

## 中国出口参与全球价值链的量化指标：加工出口与全球价值链参与指数

关于一个国家参与全球价值链程度的度量，目前还没有一个普遍认同的衡量标准。在本章中，我采用加工出口份额来量化全球价值链与中国出口之间的关系，并分析了全球价值链对中国出口奇迹的贡献程度。OECD 提出的全球价值链参与指数，是后向参与指数和前向参与指数之和。后向参与指数是指一国出口总额中蕴含的外国增加值的百分比，而前向参与指数是作为外国出口产品中间投入的国内增加值出口占出口总额的比例。后向参与指数和前向参与指数都是利用国际投入产出表估算出来的。然而，国际投入产出表的部门分类高度聚合，无法描述参与价值链的企业之间的关系。正如 Kaplinski（2013）所评论的那样，"即使是最细分的投入产出表所使用的部门分类也过于简单化，无法捕捉到类似 iPhone 案例分析中所展示的各种分工与投入的流动"。此外，在构建国家投入产出表时所作的假设，如进口投入在所有部门中被同比例分配，过度简化了全球价值链的微观特征，大大削弱了结果的可靠性。而当不同国家的投入产出表被串联起来时，这些问题就更加复杂，统计人员可能不得不"调整数据"，以实现多个国家投入产出表的一致性（Sturgeon 等，2011）。还有一个重要的缺陷是，全球价值链参与指数是基于价值链的生产阶段增加值构建的，无法描述生产阶段前与生产阶段后全球价值链的联系。在一个价值链上，最大的增加值来自非生产阶段，例如研发、品牌、零售服务；全球价值链的组织和运作也是由从事非生产任务的企业控制的。例如，中国出口的许多劳动密集型产品，不需要外国中间品的投入，而且是最终产品（例如衣服、鞋、玩具等）。这些产品包含的外国增加值是零。但是，它们是为国外品牌商或大型零售商生产的，显然属于价值链贸易。例如，在海外市场销售的中国制造的优衣库牛仔裤、中国供应商为美国沃尔玛商店制造的产品，都属于这些跨国公司价值链上的产品。这些产品的出口就是参与价值链的结果。然而，根据 OECD 全球价值链参与指数的定义，这类中国出口产品既不属于前向参与，也不属于后向参与。因此，OECD 的全球价值链参与指数大大低估了中国出口参与全球价值链的程度或者对全球价值链的依赖度。

在图 3.9 中，我比较了 2005—2015 年间中国参与全球价值链的两个量化指标。在每一年的图中，左边的条形图表示全球价值链参与指数，这是从 OECD TiVA 数据库中提取的后向指数和前向指数之和；右边的条形图表示加工出口份额（本书使用的衡量中国出口对全球价值链最低参与度的指标）。两种衡量标准之间的差距很大。总的来说，OECD 提出的参与指数，大大低估了中国对全球价值链的参与水平。2005 年至 2010 年，每年的全球价值链参与指数都比加工出口比重低 10 个百分点以上。特别是 2005 年的全球价值链参与指数仅为 41.9%，但加工出口份额为 54.7%，比全球价值链参与指数高 12.8 个百分点。2010 年，尽管两个衡量指标的差距已经下降到 9.6%，但全球价值链参与指数仍然大大低估了中国的全球价值链参与度。这两个衡量标准确实逐

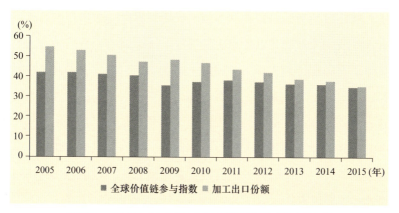

图 3.9 中国加工出口占比与全球价值链参与指数的比较

资料来源：笔者的计算和 OECD TiVA 数据库。

渐趋于一致：2015 年，全球价值链参与指数比加工出口份额仅低 0.3%。如前所述，加工出口份额衡量的是中国出口对全球价值链参与度的下限。因此，中国出口参与全球价值链的实际程度，应该高于加工出口份额所显示的水平。OECD 全球价值链参与指数始终低于加工出口份额，说明加工出口份额的统计误差较小，更能准确衡量中国出口的全球价值链参与度。这也是笔者采用加工出口份额作为衡量中国出口对全球价值链依赖程度的量化指标的主要原因之一。

## 结　论

在不到 30 年的时间里，依然是发展中国家的中国，在出口量上就超过了美国、日本和德国，成为世界第一大出口国。这一重大成就毫无疑问是世界经济发展史上一个前所未有的奇迹。对于中国是如何迅速成长为全球最大的贸易国，以及中国商品在世界市场上竞争力的来源，学者们提出了许多理论。迄今为止，对这一现象的研究普遍认为，中国的改革开放政策、在劳动密集型产品方面的比较优势、人民币汇率制度、中国加入世贸组织，国内经济体制改革，以及外国直接投资的流入等，是培育中国出口奇迹的主要因素。

本章则从一个全新的角度来分析中国出口奇迹的产生，得出中国企业融入全球价值链，是创造中国出口奇迹的主要原因这一结论。这种全球价值链的分析视角，可以合理地解释许多围绕中国出口奇迹的谜团。例如，为何还未完成工业化的中国，却一跃成为世界上最大的高科技产品出口国，而且向美国出口最先进的智能手机 iPhone。全球价值链作为一种新的生产和贸易模式，彻底改变了传统国际贸易的组织方式。我们现在看到的国际贸易是一种新的沿着一个产品价值链的国际分工。在这个链条上，中国出口企业专门负责生产任务，而全球价值链主导企业则负责研发、产品设计、品牌推广、批发和零售。这种崭新的国际分工，使中国企业摆脱了传统出口企业需要的固定投资——研发、产品推广、市场调研等，并帮助它们克服了进入国际市场的技术和销售网络障碍。新-新国际贸易理论认为，只有具有规模经济的大型生产企业才能从事出口。然而，这一结论对于全球价值链主导的贸易是不成立的。新-新国际贸易理论强调的市场研究、品牌

### 第三章　全球价值链：中国出口爆炸性增长的催化剂

推广和全球销售网络等基础设施建设的固定投资，对参与全球价值链的中国出口商来说是不必要的。

本章分析了全球价值链上来自品牌、技术和产品创新，以及批发和零售网络的三种溢出效应。参与各种制成品全球价值链的中国企业，从这些溢出效应中获益匪浅。贴在中国制造的产品上的外国品牌标识，不仅降低了中国制造的产品进入国际市场的门槛，而且增强了中国制造的产品的竞争力和全球知名度。全球价值链主导企业的技术和产品创新，不断催生了新的消费市场，拉动了全球消费者的需求，从而增加了对中国组装产品的需求，增加了对中国企业为这些高科技产品提供零部件的需求，进而最终推动了中国出口的增长。通过参与全球价值链，中国企业的所有产品都能通过外国跨国公司拥有的批发和零售网络进行销售。当跨国公司不断在全球范围内扩大这些销售网络时，中国制造的产品可以进入的海外市场就自动地扩大了。全球价值链主导企业的市场营销活动，实际上是扩大中国供应商产品的市场营销活动。

中国的 iPhone 出口及其在笔记本电脑出口上的垄断现象，是中国企业融入全球价值链的结果，不是中国在技术上的比较优势的结果。加工出口实际是价值链贸易的代名词。使用进口零部件组装出口产品是典型的全球价值链活动，是衡量中国出口参与全球价值链的直接指标。用加工出口来衡量中国出口参与全球价值链的程度，比 OECD 提出的全球价值链参与指数更加直观和准确。加工出口是中国高技术产品出口的主流现象，清楚地表明中国成为第一大高科技产品出口国，主要归功于中国作为全球高科技产品组装中心的功能,而不是中国的科技政策或内在的比较优势。

过去40年,加工出口是中国商品进入国际市场的主要出口方式,对中国出口奇迹的产生起到了决定性作用。在双边贸易中,加工出口使中国制造的产品顺利进入了美国、日本、德国等高收入国家市场。此外,生产服装、鞋类、玩具、饰品等低价值、劳动密集型消费产品的中国企业,通常以外国跨国公司供应商的身份进入买方主导的价值链,为国外买家生产最终产品。它们为外国购买商生产最终产品,但不使用任何进口中间产品。它们的产品贴着外国品牌,通过这些外国买家经营的零售店在全球销售。中国供应商与美国最大零售商沃尔玛的合作,就是这方面的一个典型案例。沃尔玛在美国和其他外国市场的扩张,导致对中国商品的需求量不断增加。沃尔玛与中国供应商之间的这种联盟,清楚地表明了全球价值链是中国出口奇迹的重要推动力。

第四章

# 全球价值链视角下的中美贸易失衡

中国加入 WTO 后，美国对中国的贸易逆差不断扩大。2018 年，在美国 8745 亿美元的货物贸易逆差中，中国几乎占了一半。早在 2001 年，也就是中国正式被接纳为世贸组织成员的那一年，中国对美国的整体贸易逆差的贡献还不到 20%。美国对中国持续的巨额贸易逆差，引发了世界上最大的两个经济体之间旷日持久的贸易摩擦。在与中国的多轮贸易谈判中，特朗普政府多次要求中国大规模增加购买美国产品，以减少贸易逆差。2020 年 1 月 15 日，美国时任总统特朗普与中国国务院副总理刘鹤在华盛顿签署了中美第一阶段贸易协议。在协议中，中国政府承诺，在 2021 年底前将对美国商品和服务的购买额提高 2000 亿美元。如果这一目标能够实现，中国对美国商品和服务的进口额将是 2017 年的两倍多，可以大幅减少美国对华贸易逆差。

在寻找中美贸易不平衡根源的研究和讨论中，主流经济学家往往强调美国家庭的低储蓄率因素。他们普遍认为，美国家庭的储蓄率很低，这是美国人喜欢消费、不喜欢储蓄的结果。更糟糕的是，美国人经常超出自己的收入能力借债消费，美国持续高企的个人债务就是这种行为的一个例证。美国家庭的过度消费倾向，是美国进口需求旺盛的关键驱动力；而稳步上升的贸易逆差，只是这种不计后果的消费行为的自然结果（Frankel，2009；Yu，2018）。这一论点的理论基础，是从 GDP 定义推导出的储蓄 – 投资关系。以 GDP 定义为基础的储蓄 – 投资关系表明，在开放经济中，一个国家的贸易逆差对应的是其对外借债的状况。中国、日本和中东石油出口国，都购买了大量的美国政府债券，这种交易实际上是这些国家将国内储蓄借给了美国。以此为依据，美联储前主席伯南克（2005）则认为，这些国家的储蓄过剩是美国持续出现巨额贸易逆差的原因。

贸易平衡是由出口与进口之间的差额决定的。以低储蓄率或者储蓄过剩为依据的观点，通常强调的是旺盛的进口需求在贸易不平衡中的作用。显而易见，国内需求旺盛而导致的进口增加，会引起贸易逆差恶化，但出口减少也会导致类似的结果。美国前总统特朗普没有关注美国消费者对中国商品的需求，而是强调美国企业向中国出口商品时遇到的限制。他认为这些限制压制了美国对华出口，从而形成了对华巨额贸易赤字。特朗普简单地将两国之间巨大的贸易逆差归咎于中国政府不公平的贸易行为和两国之间非对等的关税结构。他经常抱怨中国政府征收相对较高的关税，来抑制美国商品进入中国市场（白宫，2018）。例如，在中美贸易摩擦开始前，中国对美国汽车征收 25% 的关税，而与此同时，美国对中国汽车征收的关税仅为 2.5%。贸易摩擦开始后不久，中国政府在 2018 年 7 月主动将汽车关税降至 15%，这似乎是对美国的抱怨做出的反应，不过这个新税率仍然是美国 2.5% 汽车关税的 6 倍。根据世界银行（2018）的数据，2018 年中国所有可贸易商品的平均关税为 10%，而美国的关税为 2.74%。这种不对称的关税结构意味着，美国市场对外国商品的开放程度远远高于中国市场。中国的贸易壁垒有效地限制了美国商品对中国市场的出口，间接增加了美国对中国的贸易逆差。这一点是毫无疑问的，否则征收关税就没有任何意义。这也是为什么美国前总统特朗普一直在努力实现与中国的公平对等贸易，要求实现美国企业可以在中国市场上公平竞争的环境。

中国的一些经济学家（Ren，2018；Li，2019）则认为，美元在全球经济中的主导地位，是美国对华贸易逆差的结果。他们认为美国必须通过贸易逆差向全球经济体系提供足够的美元流动性，这样才可以维持以美元为核心的国际金融体系。这一论点的理论基础是"特里芬困境"，这是一个批判布雷顿森林体系缺陷的论点。在布雷顿森林体系下，美元被指定为国际交易的唯一货币。所有其他国家都将其货币与美元挂钩，而美元按照每盎司黄金 35 美元的固定价格与黄金挂钩，形成金本位货币体系。根据布雷顿森林体系这一安排，美国有义务向世界经济提供足够的美元流动性。在这种法定义务下，美国就不可避免地会出现经常账户赤字。如果美国消除了国际收支赤字，全球贸易就会失去流动性（Bordo 和 McCauley，2017）。

用"特里芬困境"来解释中美贸易不平衡，是基于根本性的逻辑缺陷。在后布雷顿森林体系时代，"特里芬困境"已经不存在了。1971年，美国总统尼克松放弃了布雷顿森林体系，单方面取消了美元与黄金的可兑换性。从此，世界经济进入了自由浮动汇率制度时代。现在，除了美元之外，其他货币也可以用来进行国际贸易。英镑、日元、瑞士法郎、欧元和人民币等都可以用作国际贸易的结算。世界贸易和投资活动的进行，并不受美元流动性限制的硬约束。退一步说，即使"特里芬困境"是一个合理的论点，也没有经济上的理论和逻辑支持美国通过贸易逆差提供的美元流动性的50%，都要以中美贸易逆差的方式流入中国。

美国家庭的低储蓄率、中国的贸易壁垒以及美元的主导地位，都可能是导致中美贸易失衡的因素，也可以部分地解释为什么美国对中国一直存在巨大的贸易逆差。但是，如果我们认真分析中国加入WTO后对美国贸易盈余的爆炸性增长，以及目前超过4000亿美元对美贸易顺差的规模，就会清楚地认识到，这些因素远远不足以解释美国对华贸易逆差的飙升，一定有其他结构性的因素在推动中美贸易的不平衡。

图4.1显示了2001年和2018年美国对中国的贸易逆差，美国总体贸易逆差，以及美国对日本的贸易逆差。2001年，美国对中国的贸易逆差为838亿美元，约占美国全部贸易逆差总额的19.8%。17年后的2018年，美国对华逆差增长了5倍多，跃升至4195亿美元。相比之下，在2001年至2018年间，美国贸易逆差总额的增长速度要慢得多，从4224亿美元增加到8745亿美元，比2001年的规模略多一倍。但是，美国贸易逆差的跨国分布，

却惊人地向中国集中发展,几乎一半来自中国。如果美国家庭的低储蓄率是决定美国进口需求的一个因素,那么这个因素是不能解释美国贸易逆差为何会高度集中在一个国家,而不是按贸易伙伴的经济规模成比例地分布。

2001—2018年间,美国的GDP大约翻了一番,从10.0万亿美元上升到20.5万亿美元。然而,美国贸易逆差与GDP之比变化不大,在2001年为4.0%,在2018年仅上升至4.3%,即美国贸易赤字的增加与其收入增加一致。这说明美国家庭喜欢消费的偏好实际没有变化,尤其是对外国商品需求的偏好完全没有改变。如果低储蓄率是决定双边贸易逆差的主要因素之一,那么美国对中国的贸易逆差应该与其GDP成比例增加,而不是将近5倍的增长。

图4.1还提供了美国与其贸易逆差的第二大来源地——日本的贸易平衡概况。与对华贸易逆差急剧增加形成鲜明对比的是,在2018年,美国对日本贸易逆差略有下降,从2001年的690亿美元降至671亿美元。如果说低储蓄率和美国消费者对外国商品的热情推动了美国对华贸易逆差激增将近5倍之多,那么这些因素为什么没有扩大美国对日本的贸易逆差呢?日本的汽车、游戏机、数码相机和许多其他电子产品,依然是美国消费者喜欢的产品。我们很难想象的是,在美国人的收入翻了一番的情况下,美国消费者只增加了对中国制造产品的支出,而没有增加对日本产品的支出。

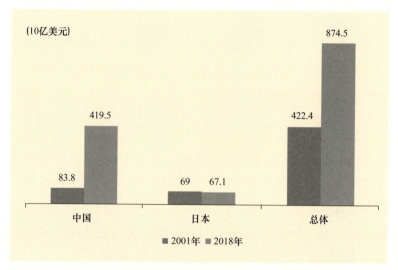

**图 4.1　美国总体贸易逆差，以及与中国和日本的贸易逆差**
资料来源：美国人口普查局。

低储蓄率和"特里芬困境"的论点，简单地将美国对华贸易逆差，归咎于美国家庭的过度需求；而不公平贸易的论点，则强调阻碍美国企业进入中国市场的障碍。这些论点的支持者，都忽视了全球价值链在促进中国出口产品向美国市场扩张，以及双边贸易不平衡增长方面的决定性作用。正如第三章所分析的那样，大多数的中国商品是通过跨国公司（包括美国跨国公司）主导的全球价值链进入美国市场的。沿着全球价值链制造的中国出口产品，不仅包括国内制造的中间产品，还包括外国制造的零部件。这些出口产品的价值包含了巨额的外国附加值，这是中国对美国出口的一个显著特点。因此，用传统的贸易统计数据来衡量和解释中美双边贸易平衡，是有误导性的，它严重扭曲了双边贸易平衡的实际规模和双边收支平衡状况。

传统的贸易统计有一个隐含的假设：一个国家的出口总值都是这个国家创造的。这一假设，对以全球价值链为基础的现代贸易是不成立的。价值链贸易与当前贸易统计假设的不一致，大大扭曲了中美双边贸易的不平衡。近几十年来，中国一直扮演美国市场上销售的各种制成品的组装中心的角色。传统的贸易统计隐含地认为，中国出口产品的全部增加值，都是在中国创造的，没有考虑中国的出口产品中，是否使用了国外的中间产品。这种统计方法，显然大大地夸大了中国的出口量以及对美贸易顺差。因此，对于价值链贸易，用传统贸易统计方法对双边贸易平衡进行评估，是不可靠的。

另一方面，随着中国逐渐发展成为全球制造业中心，许多美国跨国公司已经发展成为无工厂制造商。它们将所有生产任务外包给外国公司，只专注于产品的设计、研发、品牌培育、市场营销、批发零售等非生产任务。美国的无工厂制造商没有任何生产设施，但它们拥有由其合同制造商组装或制造的实体产品的所有权。美国无工厂制造商利用全球价值链的经营方式，导致了产品制造和所有权的地域分离。这对现行贸易统计体系对价值链贸易的适用性提出了挑战。一个显著的事实是，美国无工厂制造商，例如苹果、耐克、高通、AMD等，每年在中国市场上销售上百亿美元的产品。它们利用自己控制的无形资产（例如品牌、产品设计、软件、专利技术等），从这些销售中获取了上百亿美元的收入。但目前使用的贸易统计，并没有记录美国无工厂制造商利用实物产品从中国市场上获得的无形资产和服务的收益，因此大大低估了美国对中国的实际出口。造成这种失误的主要原因，在于价值链贸易与过时的贸易统计之间的脱节。从创造收入的角度看，美国无工厂制造商通过销售由外国合同制造商制造的实物产品（例如富士康组装的苹果手机，耐克代工厂制造的运动鞋，台基电代工的高通芯片等），利用其中所蕴含的无形资产（品牌、技术、产品设计等）获取收入。这与向中国出口粮食或汽车等实物商品来获取收入具有相同的功能。不同之处在于，这些无形资产增值服务的海外收入是通过复杂的全球价值链实现的。对于这种基于全球价值链的新出口方式，目前的贸易统计方法无法进行统计。中国是苹果、耐克、高通、AMD 等美国无工厂制造商的最大海外市场。传统贸易统计低估了美国对中国实际出口的事实，是美国对华贸易逆差迅速扩大的另一个重要原因。OECD 的贸易附加值数据库，也不包括无工厂制造商利用实物出口而获得的无形资产收益。OECD 贸易附加值数据库，是以传统贸易统计数据为基础，利用投入产出表对每个国家出口/进口增加值的原始国家来源进行分解建立的。

## 美国对华贸易逆差是如何被夸大的？以苹果手机为例

经济学家喜欢在实证研究中使用大样本进行计量分析。他们不屑于案例分析，习惯地认为案例分析是不能代表总体的个例。然而，具有普遍代表性的案例分析，在挑战传统的理论或规范时，不仅简洁直观，而且具有无可辩驳的说服力。例如，我首创的 iPhone 案例分析，就清楚地证明了：（a）传统的贸易统计不适合评估价值链贸易对经济的贡献，（b）传统贸易统计极大地夸大了中国对美国的出口量和贸易顺差。

iPhone 是由苹果公司设计和销售的智能手机，苹果公司是美国最具有创新力的高科技公司之一。iPhone 是通过复杂的价值链进行生产和销售的。除了操作系统软件和产品设计外，iPhone 零部件的生产和最终的组装都在美国以外进行。苹果公司利用自己对产品和品牌的垄断，将 iPhone 的销售限制在苹果的实体商店、网上商店以及与通信服务商签订的直销协议中。

iPhone 3G 的制造有 9 家公司参与，分别位于中国、韩国、日本、德国和美国。iPhone 零部件的主要生产商包括东芝（TOSHIBA）、三星（SAMSUNG）、英飞凌（Infineon）、博通（Broadcom）、Numonyx、村田（Murata）、Dialog Semiconductor 和

图 4.2　第一代 iPhone 手机

Cirrus Logic。这些公司生产的 iPhone 3G 零部件都被运到富士康位于中国深圳的工厂，组装成最终产品，然后出口到美国和世界其他地区。iPhone 3G 的制造过程，揭示了全球价值链是如何在国际贸易中发挥作用的。它清楚地说明了为什么像中国这样的发展中国家，可以出口一种最先进的高科技产品，以及为何美国这个发明 iPhone 的国家需要从中国进口 iPhone。

表 4.1 列出了 iPhone 3G 主要零部件的成本和供应商，几乎所有的主要部件都由非中国公司提供。日本东芝公司提供了闪存、显示模块和触摸屏；韩国三星公司生产了应用处理器和 SDRAM- 移动 DDR；基带、摄像头模块、射频收发器和 GPS 则来自德国英飞凌公司。iPhone 3G 的物料清单共计 178.96 美元，这就是该手机的生产成本。在 iPhone 3G 价值链中，中国工人承担了增加值最低的组装任务，从每部 iPhone 3G 的组装服务中获得 6.5 美元的收入，仅占 iPhone 3G 生产成本的 3.6%。表 4.1 的拆解数据清楚地说明：决定 iPhone 3G 手机功能的技术与中国企业无关。

由于所有的 iPhone 都是在中国组装的，按照目前的贸易统计规则，当位于中国的组装企业例如富士康，将组装好的 iPhone 3G 手机从中国运往美国时，iPhone 3G 就被记录为中国对美国的出口，最终成为美国对中国贸易逆差的一部分。当富士康向美国运送一部 iPhone 3G 时，由于富士康是苹果公司的合同制造商，并不拥有 iPhone 3G 的所有权，所以申报的出口额为 178.96 美元。因此，每当 iPhone 3G 被运往国外市场时，这 178.96 美元就被记为中国的出口。2009 年，中国向美国出口了 1130 万部 iPhone

3G。以此推算，中国在 2009 年对美国的 iPhone 出口大约为 20 亿美元。为了组装这些 iPhone，中国从美国进口了价值 1.215 亿美元的零部件，它们由美国公司 Broadcom、Numonyx 和 Cirrus Logic 制造。从 20 亿美元的出口总值中减去从美国进口的零部件价值，得到 19 亿美元的差额。这就是按照传统贸易统计方法计算出的中国通过向美国出口 iPhone 获得的贸易顺差。从美国的角度看，这 19 亿美元是美国对中国的贸易逆差。

表 4.1  iPhone 3G 的材料清单

| 制造商 | 组成部分 | 费用（美元） |
| --- | --- | --- |
| 东芝（日本） | 闪存 | 24.00 |
| | 显示模块 | 19.25 |
| | 触摸屏 | 16.00 |
| 三星（韩国） | 应用处理器 | 14.46 |
| | SDRAM-移动 DDR | 8.50 |
| 英飞凌（德国） | 基带 | 13.00 |
| | 摄像头模块 | 9.55 |
| | 射频收发器 | 2.80 |
| | GPS 接收器 | 2.25 |
| | 功率 IC 射频功能 | 1.25 |
| 博通 | 蓝牙/FM/WLAN | 5.95 |
| Numonyx（美国） | 内存 MCP | 3.65 |
| 村田（日本） | FEM | 1.35 |
| Dialog 半导体（德国） | 电源 IC 应用处理器功能 | 1.30 |
| Cirrus Logic（美国） | 音频编解码器 | 1.15 |
| | 其他材料清单 | 48.00 |
| | 材料清单总额 | 172.46 |
| | 制造成本 | 6.50 |
| | 总计 | 178.96 |

资料来源：Xing 和 Detert（2010）。

然而，上面依据传统贸易统计方法得出的结果，实际上夸大了中国 iPhone 的实际出口量和从中获得的贸易盈余。如表 4.1 所示，与 iPhone 相关的大部分出口额和对美国的贸易盈余，实际上来自日本、韩国、德国等第三国进口的零部件，与中国毫无关系。中国工人只是负责把这些零部件组装成一部可以使用的手机，仅仅贡献了 6.5 美元的增加值而已。但是，传统的贸易统计却假设出口到美国的每一部 iPhone 3G 包含的 178.96 美元的零部件和组装服务，全部源于中国。这显然极大地夸大了中国的 iPhone 3G 出口量和贸易顺差。在全球价值链主导贸易的 21 世纪，为了正确地评估中国对 iPhone 出口的实际贡献，以及正确评估中美之间的贸易平衡，应该使用中国对出口产品贡献的增加值而不是出口总值这一个统计指标。

对参与制造 iPhone 3G 的各个国家贡献的增加值进行分解后发现，在由 iPhone 3G 出口带来的 19 亿美元贸易顺差中，实际上只有 7300 万美元——约 3.8% 来自中国，其余来自德国、日本、韩国和其他非美国国家。同样，以中国的增加值为基础，中国对美国 iPhone 3G 的出口额仅为 7300 万美元，是用总值法计算的 3.6%。两种计算方法的显著差异表明，传统的贸易统计的确夸大了中国 iPhone 3G 对美国的出口和贸易顺差。将进口中间产品的增加值作为中国出口的一部分或作为中国的贸易顺差，是没有任何经济意义的。它对经济学家分析出口对经济的贡献和贸易平衡，对决策者制定减少贸易不平衡的政策，具有极大的误导。表 4.2 总结了中国对美国 iPhone 3G 的出口，以及按照总价值和增加值分别计算的 iPhone 3G 贸易盈余。

表 4.2　2009 年中国 iPhone 3G 对美国的出口情况

| 出口总量 | 1130 万部 |
| --- | --- |
| 单位价格 | $178.96 |
| 总价值 | 20 亿美元 |
| 按总值计算的对美贸易顺差 | 19 亿美元 |
| 按增加值计算的对美贸易顺差 | 7300 万美元 |

资料来源：Xing 和 Detert（2010）。

　　这里我需要强调的是，用增加值来计算中国对美国的出口以及对美国贸易平衡，并不只是一项简单的学术游戏。对于经济学家和政策制定者来说，正确评估价值链贸易对一个国家收入的贡献，对这个国家的双边国际收支的影响至关重要。一般来说，各国政府都将贸易逆差视为一个经济问题，因为它代表了国际贸易引起的净收入流出。在金本位时代，贸易逆差代表一个国家黄金储备的损失。200 多年前的经济学家就已经证明，自由贸易可以增进贸易双方的福利，比封闭经济好，但是在 21 世纪的今天，世界经济仍远未实现自由贸易。所有的政府仍然是偏爱出口而不是进口，并努力实现贸易顺差，希望获得来自外国的净收入。在以价值链为基础的贸易中，为进出口产品支付货款的主体已经发生了根本的变化。一般而言，是全球价值链的主导企业，而不是组装最终产品的合同制造商，向供应商支付所有采购的中间产品和服务的货款。换句话说，iPhone 的所有零部件都是苹果公司直接从供应商处采购的，与零部件相关的收入都流向了零部件的生产国。例如，在中国对美国每出口一台 iPhone 3G 时，尽管中国海关将此统计为对美国178.96美元的出口，但实际上只有6.5美元的收入以组装服务费的形式流入中国。同样，尽管贸易统计数据显示，2009年中国对美国的iPhone出口总额为20亿美元，但并不存在与此出口额对应的、从美国流入中国的20亿美元。事实上，向美国出口1130万部iPhone 3G给中国带来的收入只有7300万美元，即来自中国工人的组装服务的增加值。因此，贸易增加值既是衡量出口对一个经济体的实际贡献，也是衡量与价值链贸易相关的国际收入的准确指标。

2018年，苹果推出了首款售价超过1000美元的智能手机iPhone X。iPhone价格的稳步上涨，并没有影响它在全球市场上受欢迎的程度和旺盛的需求。尽管iPhone已经进化到第12代，我们的贸易统计仍以石器时代的方式进行，这意味着传统贸易数据对中美贸易平衡实际状况的扭曲比以往更加严重。参与iPhone X价值链的中国企业，比参与iPhone 3G价值链的中国企业有显著增加。这些企业在iPhone X价值链上从事的工作的技术复杂性，也远远超出了简单的组装。根据我的分析，中国所有参与iPhone X制造的企业，一共贡献了104美元的增加值，约占iPhone X总生产成本409.25美元的25.4%。这意味着全球市场上每卖出一部iPhone X，中国就能获得104美元的收入（Xing，2020a）。中国从每部iPhone X所获取的增加值，大大高于第一代iPhone的增加值。图4.4显示了iPhone X制造增加值的国家分布。具体而言，在iPhone X总计409.25美元的制造增加值中，美国贡献了18.7%，韩国贡献了25.8%，日本贡献了19.3%。韩国对

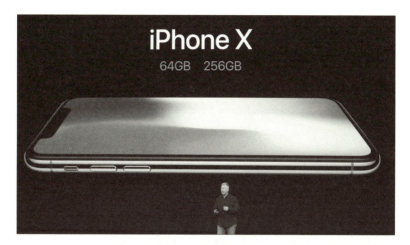

图 4.3　iPhone X

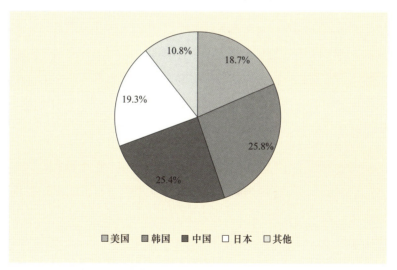

图 4.4　iPhone X 制造增加值的国家分布

资料来源：Xing（2020）。

iPhone X 的制造增加值贡献最大，其次是中国、日本和美国。尽管中国企业获取的增加值有了显著增加，但 iPhone X 所有核心部件仍由美国、日本和韩国企业制造。

与 iPhone 3G 的情况类似，当中国向美国出口一部 iPhone X 时，现行的贸易统计系统依然将其计算为对美国出口 409.25 美元。从这个数值中减去从美国进口的零部件价值 76.5 美元，就可以推算出，从中国每进口一部 iPhone X，就会导致美国有 332.75 美元的贸易逆差。然而图 4.4 清楚地显示，韩国、日本等非美国国家也参与了 iPhone X 的生产，提供了价值超过 45% 的零部件。把 332.75 美元全部算作中国对美贸易顺差，显然夸大了中美双边贸易不平衡。这个数字实际上反映的是美国对价值链上所有其他国家的贸易逆差。如果按照增加值计算，美国从中国进口一部 iPhone X 实际产生的贸易逆差只有 104 美元，不到按总值计算的三分之一。两种计算方法估算的贸易赤字之间的差额为 228.75 美元。这意味着美国每从中国进口一部 iPhone X，目前的贸易统计就会虚增 228.75 美元对华贸易逆差。

据估计，2017 年美国消费者购买了 4220 万部 iPhone X（Finder，2019），这些 iPhone X 全部是从中国进口的。以该数据为参考，我估计仅 iPhone X 贸易就使 2018 年美国对华贸易逆差虚增 96.5 亿美元，约占美国对华贸易全部逆差的 2.3%。2009 年，由 iPhone 3G 出口导致的美国对华贸易逆差的虚增额仅为 18.3 亿美元，不到美国对华贸易逆差总额的 0.8%。因此，按照传统贸易统计数据计算中美双边贸易不平衡时，iPhone 以及类似产品仍然是扭曲中美双边贸易不平衡的重要来源。而苹果产品在美国市场不断增加的销售额,让这种扭曲进一步扩大。

以上分析的两个 iPhone 案例,清楚地说明传统的贸易统计极大地夸大了中国与美国的贸易不平衡。贸易增加值可以比贸易总值,更为合理地评价双边贸易平衡。iPhone 是一个独特而成功的产品,但从它的生产方式来看,并不是中国对美国成千上万出口产品中的一个异类,中国对美国出口的大部分产品都是以同样的方式制造的。中美双边贸易平衡扭曲的来源,并不局限于 iPhone 贸易。按照传统贸易统计方法计算中美贸易平衡时,任何含有进口中间投入品的中国制造产品,都会对中美贸易平衡带来类似的扭曲。WTO 和 IDE-JETRO(2011)利用区域投入产出表,来估计中美双边贸易平衡的总体扭曲。它们的联合研究发现,以贸易总值计算,中国对美国的贸易顺差比以增加值衡量的贸易顺差高 10%。Johnson 和 Noguera(2012)也用投入产出表的方法,估算了按照增加值计算的中美贸易平衡。他们的研究表明,如果用增加值来衡量,2004 年中美贸易不平衡将减少 30%—40%。为了在总量上展示传统贸易统计对中美双边贸易平衡的扭曲程度,我使用了对外经贸大学全球价值链研究院的全球价值链指标数据库。这个数据库提供了一大类商品国内增加值和出口总额的国别数据。我发现,在 2015 年,按增加值计算的中国对美国的总体贸易顺差,是按总值计算的 56%;而在计算机、电子和光学这类产品中,按增加值计算的中国对美国的贸易顺差是按总值计算的 41%(图 4.5)。显然,如果采

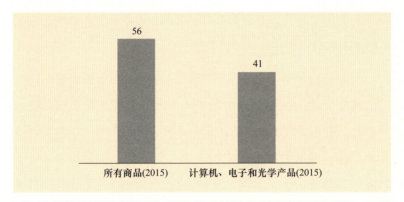

**图 4.5　按增加值计算的美国对中国的贸易逆差（按贸易总值计算的逆差 = 100）**
资料来源：笔者根据 UIBE-GVC 指数和世界银行数据（2019）计算得出。

用增加值的方法（我认为这样做是符合经济原理和贸易与支付关系本质的方法），中美双边贸易不平衡将减少一半。在价值链贸易成为 21 世纪贸易的主流时，对于双边贸易平衡的评估，采用增加值法是非常必要的。增加值法不仅可以减少贸易摩擦，更重要的是可以使经济学家和政策制定者正确评估与国际贸易相关的双边收支状况。

## 美国对中国的出口是如何被低估的？遗漏的美国无工厂制造商的对华出口

目前，越来越多的经济学家，以及包括世贸组织、国际货币基金组织和世界银行在内的国际组织，已经达成共识，认为贸易增加值是评估双边贸易平衡的合理方法。经合组织编制的 TiVA 数据库已经成为研究价值链贸易的一个重要数据库，被研究人员广泛使用。然而，传统贸易统计夸大中国对美国的出口和贸易顺差的现象，仅仅是中美双边贸易平衡被扭曲的两个主要因素之一。另一个因素是，目前的贸易统计实际上低估了美国对中国和其他国家的出口。

过去几十年来，越来越多的美国跨国公司采取了全球价值链运营战略。它们主要从事品牌营销、产品设计和技术创新这些工作，将零部件制造和最终产品组装完全外包给外国公司。这种沿着同一产品全球价值链的新国际分工，使这些美国跨国公司演变为无工厂制造商。它们不生产任何实物产品，而是向外国消费者出售由合同制造商生产/组装的商品。无工厂制造商通过蕴含在这些实体产品中的服务和无形资产，从国际市场获得收入。这种通过合同制造商生产的实体产品，向外国消费者销售嵌入其中的无形资产的增值服务，构成了以全球价值链为基础的一种新型国际贸易。这种贸易与传统的服务贸易有本质的不同。无工厂跨国公司并不将其品牌、技术或其他类型的知识产权许可给第三方，利用收取特许权费获益。它们只有把实体产品出售后，才可以获得源于研发、设计、品牌、供应链管理服务等无形资产的收益。无工厂跨国公司具有对品牌、技术专利、供应链技术和销售网络的垄断权，它们通常获得了销售的实体产品增加值的最大份额。

目前的贸易统计，包括出口、进口和贸易平衡，都是根据货物跨越国界时，进出口商申报的价值计算的。如果货物从一个国家运出，并在海关申报，那么这批货物就被记录为该国的出口。也就是说，货物实际越过国家边界，是将所运货物的价值列入贸易统计的必要条件。这就导致现行的贸易统计无法将美国的无工厂制造商从在海外销售的由合同制造商生产的实体物品获得的收入，记录为美国的出口。首先，外国合同制造商生产的产品进入海外市场时不需要跨越美国边境；其次，无形资产带来的增加值是包含在实物产品中，价值链主导企业是通过销售实体产品获得无形资产增值服务的收入，而不是通过把品牌或者专利许可给第三方使用，收取许可费或者专利费的传统服务贸易方式。有鉴于此，目前的贸易统计数据大大低估了美国的出口。世界银行（2020）把价值链贸易定义为，跨越国境两次的中间产品出口。这一定义不包括任何由无工厂制造商外包活动引起的价值链贸易，是对价值链贸易极其狭隘的定义。跨国公司的外包活动是全球价值链发展的一个重要推手和形式。

2000 年前，苹果公司还有自己的工厂。此后，苹果公司就把所有制造任务外包给合同制造商，不再从事任何具体制造活动。市值超过 2 万亿美元的苹果公司，是世界最大的无工厂制造商。它 2018 年在海外的销售额达到 1540 亿美元。这里我再次利用 iPhone X 的案例，对美国无工厂制造商的出口是如何被传统贸易统计遗漏的进行说明。一个中国消费者购买 iPhone X 时，向苹果公司支付了 1000 美元，其中 409.25 美元是支付零部件和组装服务的费用，剩下的 590.75 美元则是对苹果的设计、iOS 操作系统、市场营销活动和品牌支付的费用。这 590.75 美元实际上是苹果公司利用其无形资产对这位购买 iPhone X 的消费者提供的服务的费用。苹果公司的无形资产，基本上是由在美国加州总部工作的员工创造的。然而，这笔交易并没有被归类为美国对中国的出口，因为 iPhone X 是直接从中国的组装工厂进入中国市场，都没有跨越美国边境。在上述分析中，为简单起见，我假设没有中国雇员提供销售服务。准确地估算苹果公司为 iPhone X 贡献的实际增加值时，有必要排除中国员工提供的零售服务的增加值。

中国消费者对时尚的苹果产品的热情，让中国成为苹果公司最大的海外市场。2018 年，苹果公司在中国的销售额达到 519.4 亿美元，超过了大豆、飞机和中国从美国进口的任何一种商品的销售额。但是，目前的贸易统计却没有将苹果在中国的巨额销售的任何一部分，哪怕是一美元，算作美国对中国的出口。结果，无论中国消费者在苹果产品上花了多少钱，这些产品中所蕴含的苹果的无形资产和服务的增加值，都没有被统计为美国对中国的出口，这是目前贸易统计的巨大缺陷。下面我通过比较权威的官方贸易统计数据和苹果公司在华销售额，来揭示这一严重的美国对华出口被遗漏的问题。

联合国贸易统计数据库（UN COMTRADE）是最为权威的贸易统计数据库。这个数据库的数据是由联合国成员国的海关提供的。目前所有研究贸易的经济学家和分析师，都用这个数据库。联合国贸易统计数据显示，2018 年中国从美国进口了价值 405 万美元的笔记本电脑、掌上电脑和手机。苹果公司在中国销售的产品——iPhone、iPad、iMac、Macbook Air/Pro 等，基本上都属于这一个类别。然而与苹果公司在华销售额相比，来自美国的 405 万美元的进口额可以忽略不计。表 4.3 根据联合国贸易统计数据库，列出了中国在 2015—2018 年间每年从美国进口的笔记本电脑、掌上电脑和手机的数据，并把这些标准的进口数据与苹果公司在中国的销售额以及这些产品的制造成本进行了比较。例如，2018 年苹果公司在华销售额是 519.4 亿美元，这个数字是官方贸易统计显示的，中国从美国进口的笔记本电脑、掌上电脑和手机总额的 1.28 万倍！也许苹果产品的高额毛利导致了这两个数字的巨大差异。然而，苹果公司在华销售的全部产品的制造成本，与联合国贸易统计数据库记录的中国从美国进口的同类产品相比，两者之间也存在着巨大的缺口。根据我的测算，苹果公司 2018 年在华销售的所有产品的制造成本是 320.5 亿美元，这一数字是官方贸易统计显示的，中国从美国进口的笔记本电脑、掌上电脑和手机总额的 7900 倍。表 4.3 显示，2015 年到 2018 年，每年都存在类似的巨额差距。对权威的官方贸易统计与苹果公司在华销售之间巨额差距的唯一合理解释是：苹果在中国市场的销售额，没有一美元被贸易统计算作美国对中国的出口。因此，如果我们用官方的贸易统计数据来分析中美贸易关系，就会得出苹果公司没有向中国出口一美元的产品的结论。这显然是与事实不符的可笑结论。造成这种现象的原因，是目前的贸易统计无法统计和追踪无工厂制造商在国际贸易中的活动。

表 4.3　苹果公司向中国出口产品了吗?

| 年 | A<br>中国从美国进口的笔记本电脑、掌上电脑和手机（官方统计，百万美元） | B<br>苹果公司在华年销售额（10亿美元） | C<br>苹果公司在华销售产品的制造成本（估算值，10亿美元） | B/A<br>（单位：1000） | C/A<br>（单位：1000） |
|---|---|---|---|---|---|
| 2015 | 1.67 | 58.72 | 35.17 | 35.2 | 21.1 |
| 2016 | 3.60 | 48.49 | 29.53 | 13.5 | 8.2 |
| 2017 | 2.98 | 44.76 | 27.53 | 15.0 | 9.2 |
| 2018 | 4.05 | 51.94 | 32.05 | 12.8 | 7.9 |

资料来源：Xing（2021）。

出口就是把国内制造的产品或者服务，卖给外国的消费者。位于美国加州的苹果公司，把它的设计、软件、品牌等无形资产在每一件产品上的增值服务，销售给了中国消费者。这显然属于美国对中国的出口，理应计入美国对中国的出口。在创造就业和收入方面，苹果公司通过由中国企业组装的实体产品向海外消费者出售的包含在其中的无形资产和服务，与传统的粮食、汽车等实物商品的出口，具有同样的功能。无论这些无形资产创造的服务，在出售给中国消费者时是否跨越了美国国境，都应该被视为美国对中国的出口。根据我的估算，2018年苹果公司从在中国市场的519.4亿美元销售额中获取了183亿美元的收入。这些收入归功于苹果公司的软件、设计、品牌知名度、市场营销等方面的增值服务。这183亿美元，是苹果公司利用在中国组装的实物产品出售给中国消费者的服务总值（Xing，2021）。这笔巨额收入，就来自被传统贸易统计遗漏的苹果公司对中国的出口，它是全球价值链贸易的一个重要组成部分。

美国对中国出口存在着被传统贸易数据低估和遗漏的现象，不仅存在于苹果公司制造的信息和通信技术产品中，也广泛存在于美国无工厂制造商在中国销售的劳动密集型产品中。耐克公司销售的运动鞋和服装，就是这类产品的一个显著代表。中国是耐克公司最大的海外市场。但是，将联合国贸易统计数据库公布的中国从美国进口的鞋和服装总额，与耐克每年在中国的销售额进行对比，我们会有同样的疑惑：耐克公司向中国出口运动鞋和服装了吗？

表 4.4  耐克公司向中国出口产品了吗？

| 年 | A<br>中国从美国进口的服装和鞋子（百万美元） | B<br>耐克公司在华年销售额（10亿美元） | C<br>耐克公司在华销售产品的制造成本（10亿美元） | B/A | C/A |
|---|---|---|---|---|---|
| 2015 | 107.25 | 3.07 | 1.66 | 28.6 | 15.4 |
| 2016 | 146.35 | 3.79 | 2.04 | 25.9 | 13.9 |
| 2017 | 119.77 | 4.24 | 2.35 | 35.4 | 19.6 |
| 2018 | 209.33 | 5.13 | 2.89 | 24.5 | 13.8 |

资料来源：Xing（2021）。

表 4.4 列出了 2015—2018 年间中国从美国每年进口的服装和鞋的价值总额。这些进口数据来自权威的联合国贸易统计数据库。表 4.4 也列出了耐克公司同期在华的销售额和这些产品的制造成本。显然，联合国贸易统计数据库记录的进口额，要大大少于同期耐克在华的销售额或者是这些产品的制造成本。例如，在 2018 年，联合国贸易统计数据显示，中国从美国进口了 2.1 亿美元的服装和鞋子。但是，同年耐克公司在华销售了 51.3 亿美元的

运动鞋和服装,这个数额大约为官方进口数据的 25 倍!根据我的估算,2018 年耐克在华销售的产品的制造成本大约为 29 亿美元,是官方贸易统计数据的 13.8 倍。根据联合国贸易统计数据库对服装和鞋的定义,所有耐克在华销售的产品都应该属于这两类产品。因此,如果耐克在华销售的产品都是从美国用集装箱运来的,这些产品必然会被统计为美国对中国的出口。然而,耐克在华销售的运动鞋和服装,或者是在中国本地生产的,或者是从其他发展中国家例如越南运来的,因而就无法被美国的海关记录为美国对中国的出口。表 4.4 对耐克在华销售额与官方统计的中国从美国进口的服装和鞋总额进行的比较,是传统贸易数据低估美国对华出口、无法记录无工厂制造商贸易活动的又一个清楚的证据。

为了评估遗漏的美国无工厂制造商对中国的实际出口,以及这些出口对中美双边贸易的重要性,我选择了 4 个美国无工厂制造商:苹果、耐克、高通和 AMD。这四家公司都是利用外国合同制造商来制造实体产品,然后通过在中国销售这些产品,获得包含在产品中的无形资产(品牌、软件、专利技术、市场推广、供应链管理等)创造的服务的收入。根据我的估算,2018 年苹果、耐克、高通和 AMD 这四家公司通过销售实体产品,在中国获得了属于它们无形资产和服务的 279 亿美元收入。这个数字相当于美国当年对华服务出口的 48.9%,也相当于美国官方统计的对华贸易赤字(包括货物和服务)的 7.3%。换句话说,把这四家美国无工厂制造商对华出口的无形资产和服务的增加值,算作美国对中国的服务出口,那么,美国 2018 年对中国的服务出口就会增加 48.9%;与此同时,美国对中国的贸易赤字就会降低 7.3%(表 4.5)。

表 4.5  美国的无工厂制造商与中美贸易平衡　　　　　　　　　(10 亿美元)

| 美国对中国的服务出口 | | | 美国对中国的贸易赤字* | | |
|---|---|---|---|---|---|
| 官方统计 | 包含 4 家无工厂制造商 | 变化 | 官方统计 | 包含 4 家无工厂制造商 | 变化 |
| 57.1 | 85.0 | 48.9% | −380.0 | −352.1 | 7.3% |

资料来源:Xing(2021)。* 包括货物和服务。

　　Bayard 和 Byrne(2015)报告称,2012 年,标准普尔 500 指数中的 21 家上市公司是无工厂制造商。如果将美国所有无工厂制造商利用销售外国合同制造商生产的实体物品,从中国获得的无形资产增值服务收入,都记入美国对华出口,中美贸易将比传统贸易统计数据显示得更加平衡。把美国的无工厂制造商在中国市场上获得的无形资产的收益,算作美国对中国的出口,不是为了降低美国对华贸易赤字的数字游戏,而是贸易统计数据和出口概念要反映价值链贸易,是与时俱进的改革。当中国的消费者购买耐克鞋或者 iPhone 时,他们支付的价格不仅涵盖这些产品的制造成本,也包括这些产品的品牌、设计、内在的技术等创造的增加值。这些无形资产带来的增加值往往是这些产品全部增加值的主要来源。例如,耐克公司从其产品中可以获得高达 43.8% 的毛利。

　　随着越来越多的美国跨国公司无工厂化,美国对中国出口的模式不再是把在美国制造的产品卖到中国,而是把在中国或者其

## 第四章 全球价值链视角下的中美贸易失衡

他国家生产的美国品牌产品卖给中国消费者。这种由全球价值链发展而衍生的新型出口方式,在国际贸易中的权重越来越高。因此,仅仅关注货物贸易和常规服务贸易,对于理解中美贸易平衡是有误导性的。它往往会低估美国对中国的实际出口,从而夸大中美双边贸易不平衡。中美贸易不平衡,触发了中美贸易摩擦,也经常引发关于在双边贸易关系中谁受益谁吃亏的争论,以及中国市场对美国企业开放程度的讨论。改革现有的贸易统计方式,科学合理地估计美国无工厂跨国公司利用其无形资产在中国市场上获得的增加值,并把它作为美国对中国的出口,有利于解决这些摩擦和争议。这对于理解以价值链为基础的国际贸易也是非常重要的。在全球价值链主导国际贸易的时代,我们需要重新定义21世纪的出口概念。

在这里,我的分析仅限于美国的无工厂制造商,并没有讨论美国在中国的投资公司。因为美国在华投资公司的增加值,包括支付给中国工人的工资、支付给中国政府的土地租金、支付给中国政府的税收以及美国公司获得的利润。笼统地认为美国在华投资公司的增加值也是美国对中国的"出口"的观点,是错误的。即使我们仅仅关注美国在华投资公司的税后利润,把税后利润归为投资收益还是品牌等无形资产的收入,也是值得商榷的。最后,在中国的美国投资公司为中国创造了就业岗位,而美国的无工厂制造商一般在中国是没有直接投资的。例如,耐克公司并不拥有任何中国供应商的股份,可以说没有在中国直接创造就业岗位。因此,无工厂制造商利用价值链获取无形资产和服务收益的行为，完全符合传统的出口的定义。

## 结 论

与中国的贸易几乎占了美国货物贸易逆差的一半。传统观点认为，美国家庭的低储蓄率、中国的关税和非关税壁垒，以及美元在全球贸易中的主导地位，是造成中美贸易不平衡的主要因素。我认为，这些因素无法解释美国对华贸易逆差在其整体贸易逆差中的超常比重。造成中美贸易不平衡，以及美国贸易逆差一半都来源于中国的这一现象，在很大程度上是现行贸易统计不适合对价值链贸易进行评估，它往往夸大了美国对中国的贸易逆差。在中国成为WTO成员后，许多发达国家的跨国公司将中国纳入其价值链，将组装和其他低技术含量的工作分配给中国企业。此外，中国对美国出口的大部分产品，是利用从第三国进口的中间产品制成的。例如，在中国组装的iPhone X的增加值中75%来自外国；在中国对美国出口的第一大类产品——电子、计算机和光学产品中，外国增加值占到了54%。平均而言，外国增加值占中国对美国出口的33.9%。外国增加值在中国对美国出口产品中占大比例的事实，说明传统贸易统计夸大了中国对美国的出口，夸大了中国对美国的贸易顺差。对中国对美国出口产品增加值原产国的分析表明，中国对美国的贸易顺差应被视为对美国与所有参与制造中国出口产品的国家之间的顺差。

### 第四章　全球价值链视角下的中美贸易失衡

令人鼓舞的是，许多经济学家已经接受了国内出口增加值是评价中美双边贸易平衡更为准确和合理的概念的说法。贸易增加值，不是一个简单的经济概念，它对评价与贸易流动相关的双边收支具有非常重要的意义。一般来说，是全球价值链的主导企业，而不是组装商/制造商，直接向供应商支付零部件和服务的采购费用。在全球价值链时代，传统的出口和进口统计数据，不一定反映一个国家收入的流入和流出。用贸易总值来衡量双边收支状况是有误导性的。增值贸易是评价与外贸流动有关的国际收支的最适当参数。

在两种不同产品之间的国际分工，是目前标准经济教科书中的典型贸易模式。全球价值链发展催生了新的国际分工——沿着同一产品价值链的任务分工。利用这种新的国际分工，越来越多的美国跨国公司聚焦于研发、产品设计、品牌推广、批发和零售等任务，将零部件制造和产品组装外包给合同制造商。这些跨国公司逐渐演变为无工厂制造商。它们不再从事在美国本土生产产品，然后销往外国的传统贸易，而是通过向外国消费者出售由合同制造商生产/组装的实体产品，来获得其控制的无形资产，例如品牌、设计、专利技术、供应链管理技术等提供的增值服务的收入。这些无形资产是嵌入合同制造商组装或制造的有形产品中的。这是一种由全球价值链衍生的、新的出口无形资产增值服务的贸易方式。首先，这些实体产品销售到国际市场时并不跨越美国边境。其次，无形资产是被嵌入有形产品中，美国无工厂跨国公司只有把有形产品卖给外国用户后，才能获得收益。因此，美国海关人员无法追踪这些出口活动，也无法将其作为美国出口的一部分进行记录，这就导致传统贸易统计实际低估了美国企业的出口活动。

经过 40 年的高速经济增长和对外开放，中国已经成为许多美国无工厂制造商最大的海外市场。例如，中国是苹果、耐克、高通和 AMD 最大的海外市场。这些美国的无工厂制造商利用外国合同制造商制造/组装的实体产品，向中国消费者销售源于其无形资产的服务，从中国市场获得巨大的收益。但是，传统的贸易统计并没有将这些收益记录为美国对中国的出口，从而导致苹果公司和其他美国无工厂制造商对中国实际出口的遗漏。这不仅低估了美国对中国的出口，也进一步扩大了美国对中国的贸易逆差。本章对中美贸易平衡的分析表明，目前的贸易统计方法不适合评估以全球价值链为主导的贸易。为了准确理解贸易自由化如何使所有相关国家，特别是专门从事品牌、营销、技术创新和服务的国家受益，我们必须改革现行贸易统计方法，将无工厂制造商利用全球价值链分工，向外国消费者销售无形资产和服务作为一种新型服务出口来计算。

第五章

# 全球价值链:弱化人民币汇率传导机制的新变量

在中国加入世贸组织后,中国对外贸易顺差出现了快速增长的状况。在2000—2007年间,中国的贸易顺差增长了十多倍,从240亿美元猛增到2640亿美元。很多学者认为,人民币被低估是导致中国贸易顺差,尤其是对美国的贸易顺差的主要原因。Goldstein和Lardy(2009)认为,2002—2008年间,人民币实际汇率比均衡水平低20%左右,这推动了中国经常账户盈余的激增。Thorbecke(2006)估计,中美之间出口和进口的长期人民币汇率系数均约等于1。他提出,如果2005年人民币兑美元升值10%,两国之间的贸易不平衡将从占中国GDP 11%下降到10%。诺贝尔经济学奖得主保罗·克鲁格曼公开指责中国政府自2003年以来故意保持人民币被低估,以补贴中国出口。他声称,扭曲的汇率政策威胁到了全球经济的复苏,并呼吁美国政府对从中国进口的商品征收25%的关税,以迫使中国政府改变其汇率政策(Krugman,2010)。

在2008年的全球金融危机爆发后,关于中国汇率政策的争论达到了高潮。主流经济学家认为,全球金融危机的根本原因是全球失衡。而关于全球失衡的讨论,大多集中在中国的汇率制度上。这些讨论认为,被低估的人民币是全球失衡的一个重要原因,是美国巨大的经常账户赤字和中国巨额贸易顺差的根本原因(Obstfeld 和 Rogoff,2009)。大部分研究全球金融危机的宏观经济学家认为,人民币与美元的刚性挂钩汇率政策,导致人民币被大幅低估,而人民币被低估推动了中国的贸易顺差,导致了全球失衡,从而引发了全球金融危机(Cline,2010)。前美联储主席伯南克(2009)提出,拥有贸易顺差的国家,尤其是中国存在"储蓄过剩"。这些国家的"储蓄过剩"通过美国的国债回流到美国金融市场。这种外国储蓄的流入,导致美国长期处于低利率状态。这为美国的投资者积极寻找高收益率投资创造了动力,并鼓励他们对次贷等与住房相关的风险资产进行不计后果的投资,最终吹起了美国的资产泡沫,埋下了全球金融危机的种子。

然而,斯坦福大学麦金农教授(2010)反驳了中国政府操纵人民币汇率的说法,他认为中国政府不是为了获得商业优势而故意低估人民币的,中国政府事实上一直在努力实现汇率和价格稳定。麦金农教授认为中美之间的贸易不平衡,是一种净储蓄不平衡,而不是汇率现象。

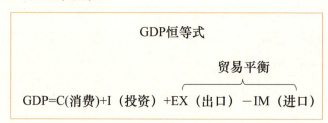

## 第五章　全球价值链：弱化人民币汇率传导机制的新变量

GDP 恒等式，是宏观经济学家讨论全球失衡时，推断出汇率调整是调整贸易平衡的神奇力量的理论起点。在开放宏观经济学中，汇率和进出口价格是学术和政策分析的中心。汇率被认为在决定一个国家在全球经济中的竞争力、贸易平衡和经常项目平衡方面起着至关重要的作用。根据传统的开放宏观经济模型，如果一个国家的货币升值，其出口产品以外币计价就会变得更贵，因此外国需求会减少，而进口产品以本国货币计价就会变得更便宜，进口需求会增加。这种变动会导致贸易顺差缩小，降低经常项目顺差。然而，开放宏观经济模型关于汇率与贸易之间关系的假设和结论，仅适合于传统的布匹换葡萄酒的贸易，并不适用于价值链贸易。缺乏微观基础，是这类全球失衡宏观经济分析的一个关键弱点。

对汇率与贸易之间关系的传统理论分析，一般而言，基于两个过时的假设：（1）一国出口产品的全部增加值都是在国内创造的；（2）所有进口产品都服务于国内消费和投资。根据这些假设，如果一国货币对外国货币贬值，用于制造出口产品的材料、中间产品和服务的成本按外币计算时会按比例下降。这些对现实过于简化的假设对于价值链贸易并不成立，因为在价值链贸易中出口通常包含相当一部分进口材料和零部件。无论出口企业是否具有从事汇率传递的价格垄断能力，单一国家货币升值对通过全球价值链设计、制造和销售的产品的成本影响非常有限。就中国出口产品而言，人民币汇率传递效应，一般会被中国出口产品中蕴含的外国附加值大打折扣。此外，用于制造出口产品的进口中间产品,并不属于出口国的内部需求,而是外部需求。当一个国家的货币升值,用于生产出口产品的进口原材料往往会减少,而不是增加。因此,在价值链贸易中,进口的汇率弹性也就被削弱了。一条价值链上通常会有位于多个国家的企业。在实践中,价值链的主导企业通常会选择一种锚定货币如美元,为价值链上所有企业的零部件和服务定价,并以锚定货币结算企业之间的所有交易。在这种情况下,汇率的传递效应接近于零。综上所述,通过进出口价格传递汇率变动的传统机制,已因价值链贸易的普及而大打折扣。

在第三章中,我详细地说明了中国的大部分出口是通过全球价值链实现的。对中国贸易顺差的分解,则更详细地揭示了价值链贸易在中国贸易顺差形成中的核心作用。在1994—2008年间的每一年,加工贸易这种典型的价值链贸易,几乎贡献了中国贸易顺差的100%。例如,在全球金融危机爆发的2008年,中国的贸易顺差达到2980亿美元。尽管加工出口占当年中国总出口的比重还不到60%,但是2970亿美元的顺差——即99%的贸易顺差来自加工贸易(Xing,2012)。价值链贸易在中国贸易顺差中的主导地位表明,人民币升值并不能像传统理论所预期的那样,起到降低顺差的魔杖作用。清楚地了解价值链贸易带来的这些变化,对于提出有效的政策方案,以重新平衡全球经济是不可或缺的。

在本章中,我将以iPhone贸易为例,分析为什么在价值链贸易占主导地位的情况下,人民币升值不能对中国的出口和贸易平衡产生预期的影响。与此相对应的一个命题是,价值链贸易占主导地位时，人民币贬值来降低中国出口产品按照美元核算的成本的有效性，也同样被削弱了。这种现象使得中国在中美贸易摩擦中，很难利用人民币贬值来对抗美国的关税。本章利用 iPhone X 的出口和一般模拟结果，来说明为何利用人民币贬值来对冲特朗普关税，是不可能的任务。全球价值链在国际贸易中的主导地位，导致人民币汇率的传递效应被削弱，但人民币汇率的大幅变化却可以决定中国企业进入或退出价值链中的低技术和劳动密集型环节，从而间接影响中国的进出口和贸易平衡。我将在本章的最后讨论汇率影响价值链贸易这个新渠道。

## 人民币升值只影响中国的增加值：以 iPhone 贸易为例

在很大程度上，中国出口产品中蕴含的外国增加值比重，决定了人民币升值对减少中国出口和贸易盈余的有效性。一般来说，外国增加值占比越高，人民币升值的预期有效性就越低。在这里我用 iPhone 贸易的案例，来解释中国出口产品中的外国增加值是如何削弱人民币升值对中国出口和贸易顺差的影响的。第四章的分析显示，在中国组装的 iPhone 3G 成本为 178.96 美元，其中 6.5 美元为中国工人组装手机时创造的增加值，其余为外国制造的零部件成本。如果人民币兑美元升值 50%，中国工人的组装成本只增加 3.25 美元，达到 9.75 美元，因为 iPhone 3G 所使用的

进口零部件的成本与人民币升值无关，保持不变。因此，这 50%
的人民币升值将使 iPhone 3G 的生产成本提高到 182.21 美元，比
升值前的 178.96 美元仅高出 1.8%。

与 iPhone 3G 的 500 美元零售价相比，3.25 美元成本涨幅太
小，不足以成为苹果公司上调 iPhone 3G 零售价的理由。这意味
着，人民币升值 50% 对美国消费者支付的零售价的传递效应为
零。所以，即使人民币升值 50%，也不会对中国对美国的 iPhone
出口产生任何影响。这不仅仅是一个假设性的预测。在 2017—
2019 年间，人民币兑美元是稳步升值的，但 2017 年中国向美国
出口了 4200 万部 iPhone，是 2009 年的四倍。自 iPhone 上市以
来，中国对美国出口的 iPhone 的快速增长，是人民币汇率与价值
链贸易之间脱钩的一个显著证明。

然而，关于汇率与出口之间关系的传统理论却认为，人民币
升值不仅会推高组装服务的成本，也会导致所有零部件的成本上
升——无论这些零部件是由中国生产的，还是从其他国家进口的。
按照这个逻辑，如果汇率传递率是 100%，当人民币升值 50% 时，
iPhone 3G 的总制造成本将提高 89.5 美元。那么，在中国组装的
iPhone 3G 的制造总成本就会变为 268.4 美元。iPhone 3G 单位生产
成本按照这种逻辑的大幅跃升，必然会导致苹果公司上调 iPhone
的零售价，或者把组装 iPhone 的任务转移到其他低成本国家。无
论苹果公司是提高零售价，还是将组装转移出中国，以应对人民
币升值 50%，中国对美国的 iPhone 出口都会大幅下降。但是，这
一推论是建立在对价值链贸易的错误理解之上的。

第五章 全球价值链：弱化人民币汇率传导机制的新变量

在关于全球失衡的讨论中，几乎所有的宏观经济学家，都认为人民币升值可以神奇地减少中国的贸易顺差，特别是对美国的贸易顺差。这些论断都隐含了中国出口产品不包含外国增加值的假设。图 5.1 比较了人民币兑美元名义升值 50% 后，对在中国组装的 iPhone 3G 制造成本影响的两种估计结果。图中左边的条形图代表的是按照中国增加值计算的结果，右边的条形图代表的是基于手机总制造成本的计算结果。显然，基于中国增加值得出的 3.25 美元的估计值，远远小于按照总制造成本估算的 89.5 美元的增幅。

为了组装 iPhone 3G，中国至少从 5 个不同国家的 9 家企业进口零部件。一个有趣的问题是，人民币与这五个国家的货币之间的汇率变动是否会影响 iPhone 的制造成本，从而影响中国对美国的 iPhone 出口呢？有些学者（如 Adler、Meleshchuk 和 Buitron，2019）认为，一个国家出口产品的竞争力，也会受到其

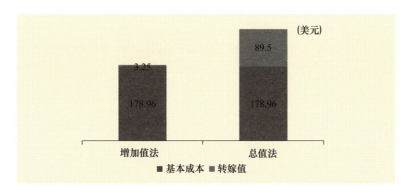

图 5.1　人民币兑美元升值 50% 对中国组装的 iPhone 3G 的预期影响
资料来源：笔者根据 Xing 和 Detert（2010）的计算。

货币兑提供中间投入品的国家货币升值/贬值的影响。从理论上讲，这种可能是存在的，但在实践中这种情况并不存在。首先，全球价值链的主导公司，一般选择一个锚定货币为价值链上的所有交易进行核算，从而降低交易成本，避免汇率波动的影响。其次，价值链主导公司是直接向所有供应商采购零部件的。换句话说，负责组装最终产品的企业，不必用自己的现金购买必要的零部件。以 iPhone 为例，制造 iPhone 所需要的零部件和服务都是以美元定价的。是苹果公司，而不是中国的组装厂商，购买制造苹果手机的零部件。人民币与日元，或人民币与韩元之间的双边汇率，不会影响在中国组装的苹果产品的成本，因此不能影响中国对美国的 iPhone 出口。这一逻辑适用于所有在中国组装并出口到世界其他地区的苹果产品，也适用于所有使用同一锚定货币定价的进口零部件制造的中国出口产品。由于所有外国制造的中间产品在进入和离开中国时都是以锚定货币定价，因此人民币与为中国出口产品提供中间投入品国家的货币之间的汇率，不会影响中国的出口。

对中国加工出口市场和加工进口来源地的分析显示，中国 77% 的加工进口来自日本、韩国和台湾地区等东亚经济体，而中国 70% 以上的加工出口，则是销往东亚以外的市场（Xing, 2012）。Thorbecke 和 Smith（2010）认为，单靠人民币升值，不是减少中美贸易不平衡的有效手段，因此提出了东亚货币兑美元联合升值，以减少全球不平衡的建议。他们认为东亚货币联合升值比人民币单边升值，对减少中国贸易顺差更为有效。20 世纪 80

第五章 全球价值链：弱化人民币汇率传导机制的新变量

年代，日本、德国、英国、法国和美国通过签署《广场协议》，策划了对美元的联合升值。但这种联合升值在多大程度上减少了日本的经常项目顺差，目前仍然是一个有争论的话题。让东亚货币兑美元联合升值，达到降低美国对中国的贸易赤字，仅仅是一个理论上的假设而已。

此外，由于中国出口产品的生产需要大量的进口中间产品，因此，中国进口产品的很大一部分，实际上是为国外需求服务的，不是为中国的国内需求服务的。这也是人民币汇率对中国贸易收支影响减弱的另一个原因。中国作为全球组装中心，2018年进口了4700亿美元的零部件（相当于中国当年进口总额的22%）用于制造出口产品；进口了价值2300亿美元的集成电路。但是，其中一半以上的进口集成电路又以个人电脑、手机和其他信息和通信技术产品的形式，再出口到国外市场。这种进口反映的是国外需求，不是中国的国内需求。因此，这类进口产品不会按照传统进口与汇率之间的关系做出变动的（即不会随着人民币升值而增加，而是随着人民币升值而下降）。从理论上讲，如果中国加工出口因为人民币升值而下降，加工进口也应该下降。为了对加工贸易汇率弹性进行估算，我利用1992—2012年间覆盖中国的100多个贸易伙伴的面板数据，测算了中国加工贸易进出口的汇率弹性。我的测算显示，如果人民币兑美元实际升值10%，不仅会引起中国的加工出口下降9%，也会引起中国的加工进口下降5%。因此，人民币升值是否能显著提升中国的进口是不确定的，尤其是在加工进口占中国进口比重非常大的情况下（Xing，2012）。

马歇尔－勒纳条件

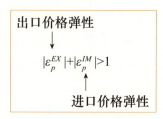

关于贸易顺差的减少，马歇尔－勒纳条件（the Marshall-Lerner condition）认为，只要出口和进口的价格弹性的绝对值之和大于1，汇率升值就会减少贸易顺差。马歇尔－勒纳条件的假设之一是，进口与母国货币升值呈正相关。如前所述，加工贸易对中国整体贸易顺差的贡献率超过100%。减少加工贸易产生的贸易顺差，是决定中国贸易再平衡的关键。人民币升值是否能够降低加工贸易顺差，将决定人民币升值对缓解中国整体贸易顺差的有效性。如上所强调的，人民币实际升值10%，中国加工进口会减少5%。在这种情况下，马歇尔－勒纳条件是不成立的，因此中国加工贸易顺差不会下降。Cheung，Chinn和Qian（2015）计算了中国对美国加工贸易的汇率弹性。他们估计，人民币实际升值1%，加工进口将增加5%，而加工出口将减少1.87%。根据这些估计，他们得出结论：中美加工贸易符合马歇尔－勒纳条件。很显然，他们测算的人民币汇率与中国加工进口额之间的高弹性和正相关关系是错误的，这个关系实际否定了加工进口产品是用于制造出口产品的本质。

还有一些研究也支持全球价值链的存在大幅降低汇率变动对

贸易流动的影响的观点。Power 和 Riker（2013）研究了中国对美国出口的汇率弹性，发现如果以中国增加值而不是总值来衡量出口，汇率弹性会显著降低。Ahmed 等（2015）估计了 1996—2012 年间实际汇率变化对 46 个国家出口的影响。他们的研究发现，平均而言，全球价值链的参与使制造业出口对实际有效汇率（REER）的弹性降低了 22%，且在全球价值链参与度最高的国家中，实际有效汇率的弹性下降 30%。实际有效汇率是以贸易总额和消费价格指数为基础定义的，是经济分析中广泛使用的评价国家竞争力的参数。然而，实际有效汇率与价值链贸易并不兼容。Bems 和 Johnson（2012）提出了增加值 REER，即以贸易增加值为基础的权重来定义的实际有效汇率。他们认为增加值 REER 在评估与汇率相关的国家竞争力时，考虑到了全球价值链的影响。因此，可将其作为替代传统实际有效汇率的方法，来评估汇率对参与价值链的国家的比较优势的影响。

## 人民币贬值抵消特朗普的关税：一项不可能完成的任务

正在进行的中美贸易摩擦，为研究汇率与价值链贸易提供了新的应用场景。它提供了从人民币贬值的角度论证标准教科书上的汇率和贸易关系理论不再有效的案例。美国前总统特朗普以关税为武器，发动了对中国的贸易摩擦。毫无疑问，对 2500 亿美元的中国商品征收25%的关税,人为地提高了中国出口产品的成本,削弱了中国制造的产品在美国市场的竞争力。2018年3月贸易摩擦开始时,人民币兑美元的汇率为6.2元/美元。此后,人民币逐渐贬值;到2019年8月初,汇率升至7.03元/美元,人民币兑美元名义贬值13.4%。这种大幅贬值显然与中国人民银行维持人民币汇率稳定的政策相冲突。有人猜测,中国政府故意让人民币贬值,是为了反击美国的关税攻击。2019年8月一度突破了1美元兑7元人民币的水平,这直接导致美国财政部(US Department of Treasury,2019)将中国定为汇率操纵国。

在传统的用布换葡萄酒的贸易中,货币贬值可以手到擒来地抵销关税负担。这可能会让分析家认为,人民币兑美元贬值25%,足以完全抵消特朗普政府征收的25%的关税。然而,在价值链主导贸易的21世纪,这件事并不那么简单。中国出口产品中蕴含的进口材料和中间产品,不仅会大幅削弱人民币贬值的效果,而且会放大关税负担。首先,人民币贬值只能降低中国制造的材料、零部件和服务按照美元计算的成本。中国出口产品中蕴含的进口中间投入品的成本,是不受人民币贬值影响的。如果认为人民币贬值25%就能导致以美元计价的中国出口成本按同比例下降,这完全是一种基于传统贸易假设的错觉。一般来说,中国出口产品中蕴含的外国增加值越高,人民币贬值的影响就越小。其次,美国海关对中国进口产品征税时,是以中国产品的总价值作为税基的。不仅中国的增加值要被征收关税,运到中国组装成最终产品的外国零部件的增加值,也要被征收同样的关税。在这种情况下，中国出口美国产品的关税负担实际上被放大了，这就使得通过人民币贬消来抵销关税的负面影响变得更加严重。

在此，我以 iPhone X 为例，来说明为什么人民币贬值无法对冲特朗普关税带来的风险。第四章的分析显示 iPhone X 的总生产成本为 409.25 美元，其中 104 美元来自中国的零部件和组装服务增加值，其余部分来源于从国外进口的零部件。如果在中国组装的 iPhone X 进入美国海关时，被征收 25% 的关税，那么关税基数就是 409.25 美元。这样苹果公司每进口一部 iPhone X 到美国，就需要支付 102.3 美元的关税。由日本、韩国、美国等国家企业提供的零部件，仅仅因为被运到中国进行最终产品的组装，就被征收了 25% 的关税。这种价值链导致的关税倍增的结果，放大了特朗普关税对中国商品的不利影响。如果按照中国创造的 104 美元增加值征税，关税负担只有 26 美元，约为按照总成本征税的四分之一。事实上，102.3 美元的关税，相当于对中国增加值征收

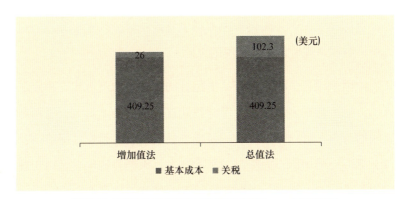

图 5.2　25% 的关税对在中国组装的 iPhone X 的影响

资料来源：Xing（2020）。

了 100% 的关税。图 5.2 对比了美国从中国进口一部 iPhone X 时，两种不同计算方法给出的关税负担。左边的条形图代表的是按照中国增加值计算的结果，右边的是按照总价值计算的结果。两者相差 76.3 美元，约为总生产成本的 18.6%。

图 5.2 清楚地显示，进口零部件导致 iPhone X 的关税负担大幅增加。由于人民币贬值只能影响中国零部件和服务的成本，因此，人民币贬值 25% 可以按比例降低中国零部件和服务的美元计价成本，从而抵消 25% 的关税对中国提供的组装服务和零部件带来的负面影响。但是，无论人民币贬值到什么程度，进口零部件按照美元计价的成本，都保持不变。根据前面的计算，与进口零部件相关的关税负担为 76.3 美元。从理论上讲，如果人民币兑美元贬值 400%，就可能抵消这额外的 76.3 美元的关税负担。但是，这种贬值幅度足以给中国这个世界第二大经济体带来灾难。iPhone 的案例，直观地说明了中国出口产品中所蕴含的进口材料和零部件，是如何削弱人民币贬值的预期效应的。它表明，当价值链贸易在中国对美国贸易中占据主导地位时，几乎不可能通过人民币贬值来规避特朗普关税的风险。

一般来说，中国出口产品中蕴含的国外增加值占比，决定了人民币贬值能在多大程度上缓解特朗普关税的负面影响。这两者之间的关系，可以通过一般的模拟来显示。我的模拟结果表明：（1）当国外增加值不为零时，所需的人民币贬值比例总是高于相应的关税；（2）随着外国增加值比例的增加，需要的人民币贬值比例会迅速上升。图 5.3 描述了中国出口产品中所含外国增加值比例，与实现完全抵消 25% 的关税的负面影响所需的人民币贬值比例之间的非线性关系。从图中我们可以清楚地看到，当外国增加值为零时，25% 的贬值就足以抵消 25% 的关税影响；如果中国出口产品中包含的外国增加值比例为 30%，则人民币至少需要贬值 40%。当外国增加值占中国出口总值的比例超过 50% 后，所要求的人民币贬值幅度就会急剧上升。如果外国增加值占 60%，人民币必须贬值 100%，才能抵消 25% 的关税的负面影响；外国增加值占 70% 的情况下，人民币需要贬值 200%。2015 年，中国对美国出口产品平均包含 33.9% 的外国增加值，这表明人民币需要贬值 43.4%，才能完全抵消 25% 的关税带来的负面影响。模拟结果表明，完全对冲美国关税所需的贬值幅度过高，中国政府不可能利用人民币贬值来对冲对 2500 亿美元中国商品征收 25% 关税的风险（Xing，2020）。上面的这些分析，实际上从汇率的角度解释了为什么一些原本从中国采购产品到美国销售，或者在中国为

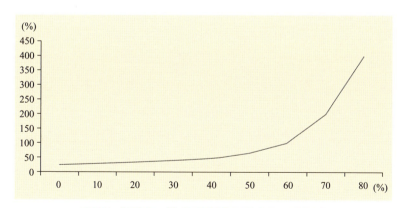

图 5.3　抵消 25% 的美国关税所需的人民币贬值幅度

资料来源：Xing（2020）。

美国市场制造产品的跨国公司，为了避免中美贸易摩擦的影响，不断将其供应链转移出中国。

## 价值链贸易下的汇率传递渠道

从传统意义上看，出口和进口价格是汇率影响贸易平衡的渠道。汇率传递的定义是，出口国和进口国货币之间的汇率变化1%，所导致的按照进口国货币计算的进口价格的百分比变化。如果进口价格对汇率变化做出一比一的反应，则汇率传递率为100%。进口价格只部分反映汇率变化的情况，被称为不完全汇率传递（Goldberg 和 Knetter，1997）。出口商可以用自己的货币定价（文献中称为生产者货币定价，PCP）；用目的地市场的货币定价（称为当地货币定价，LCP）；或用媒介货币定价。结算货币的选择，会影响汇率传递效应的程度（Goldberg 和 Tille，2005）。理论上讲，如果出口商选择PCP，汇率的变化可以完全传递到进口价格中。另一方面，在LCP下，进口价格将不受汇率变动的影响，至少在短期内是如此（Engel，2006）。考虑到进口产品与国产产品之间的替代性，进口价格的变化将影响贸易流。人民币升值对中国贸易平衡的影响由两种弹性决定：价格-汇率弹性和数量-价格弹性。前者衡量的是汇率对进出口价格的传递效应，后者衡量的是进出口数量随价格变化而发生的变化。汇率传递效应是名义汇率调整影响出口、进口和贸易平衡最终变化的连锁反应的第一步。

## 第五章  全球价值链：弱化人民币汇率传导机制的新变量

中国企业主要通过三种渠道参与全球价值链：(1)为全球价值链主导企业组装产品；(2)为外国企业或为跨国公司代工的本地企业提供零部件；(3)向外国品牌营销商或大型零售商提供成品。这些公司的出口产品一般都以锚定货币定价，在大多数情况下是美元。因此，这些中国企业没有机制可以将人民币升值的影响转嫁给外国买家。此外，参与全球价值链的中国企业，是全球价值链主导企业的指定供应商，与主导企业的关系是由合同确定的，而不是由市场上随机的买方与卖方关系确定的。合同的约束性意味着两重含义：(1)中国企业提供的零部件和服务的价格，不能因为短期的汇率变动而重新谈判；(2)除非中国企业对其产品和服务具有垄断力，否则不能通过重新谈判转嫁人民币升值的成本。例如，没有任何一家中国供应商可以与沃尔玛或苹果公司进行价格谈判。因此，短期而言，人民币升值不存在向依赖全球价值链的中国出口产品价格传递的可能。换言之，基于价值链的中国出口产品的汇率弹性几乎为零。

对于价值链贸易而言，人民币汇率变化的传递渠道不是中国出口产品的价格，而是中国企业进入和退出外国跨国公司主导的全球价值链。节约成本是跨国公司将低技术任务离岸到中国，或将廉价产品和服务外包给中国的主要动机之一。人民币贬值降低了以美元计价的中国劳动力成本，使中国成为低附加值、劳动密集型任务的聚集地。这种贬值同时也增加了外国投资者的相对财富。从外国投资者的角度来看，人民币贬值后，中国的所有生产投入（如劳动力、土地、机器和资产）都变得更便宜，这就鼓励外国投资者在中国进行绿地投资。

外国直接投资是中国融入全球价值链的主要手段。中国是发展中国家中最大的外国直接投资接受国。直到最近,中国的大部分外国直接投资,特别是来自日本和韩国的外国直接投资,都是出口导向型的。从20世纪80年代末到21世纪初,人民币的累计贬值,是决定外国直接投资流入中国的主要因素之一。随着外资的不断流入,中国逐渐转变为全球制造业和组装中心。在很大程度上,中国与全球价值链的紧密结合可以归功于海外直接投资的大量流入。从1989年起,中国汇率制度逐渐由双汇率制向统一的单一汇率制过渡。在这个过程中,人民币兑美元实现了大幅贬值。人民币兑美元的名义汇率急剧上升,从1989年11月的3.76上升到1994年1月的8.62,人民币名义贬值56%。随后,中国政府实行人民币兑美元的挂钩政策。从那时起到2005年,基本上保持了兑美元的固定汇率(Xing, 2006a)。这种急剧贬值极大地增强了中国作为全球生产基地的竞争力。与海外直接投资来源国相比,中国作为组装和生产基地的竞争力加强了;和其他与中国竞争外国直接投资的国家相比,中国对外资的吸引力也大幅提高。1990年以前,马来西亚、泰国、印度尼西亚和菲律宾,是日本在亚洲直接投资的主要国家。但在20世纪90年代初人民币贬值后,中国则迅速成为日本在亚洲最大的直接投资目的国。1995年,日本对中国直接投资占日本在亚洲国家直接投资的43%,远高于1990年的5.3%。在这个时期,印度尼西亚、马来西亚、菲律宾和泰国的货币都与美元挂钩。因此,从1989年开始,当人民币兑美元开始贬值，间接导致人民币兑这四个东南亚国家的货币同比例贬值，进而引发了日本海外直接投资从这些国家转向中国。当时，除香港地区外，日本是中国内地最大的对外直接投资来源地（表5.1）。日本对中国的直接投资大多是出口导向型的。2001年，日本在华关联企业向海外市场出口的产品，占全部产出的65%以上。跨国企业将生产地和产品市场分开运作，使生产国货币贬值仅降低生产成本，并没有触及全球市场的销售价格。因此，出口导向型的外国直接投资，从人民币贬值中获得了巨大的利益（Xing，2006b）。

表5.1 1985—2006年中国大陆的对外直接投资的主要来源地

| 来源 | 1985—1990 | | 1991—2000 | | 2001—2006 | |
|---|---|---|---|---|---|---|
| | 数额（10亿美元） | 比例（%） | 数额（10亿美元） | 比例（%） | 数额（10亿美元） | 比例（%） |
| 世界 | 15.9 | 100 | 327.7 | 100 | 343.5 | 100 |
| 香港地区 | 9.7 | 60.9 | 159.0 | 48.5 | 109.5 | 31.9 |
| 台湾地区 | 0.0 | 0.0 | 25.8 | 7.9 | 17.7 | 5.2 |
| 日本 | 2.2 | 15.6 | 25.2 | 7.7 | 30.2 | 8.8 |
| 韩国 | 0.0 | 0.0 | 10.5 | 3.2 | 24.7 | 7.2 |
| 新加坡 | 0.2 | 1.3 | 16.8 | 5.1 | 13.0 | 3.8 |
| 美国 | 1.9 | 12.1 | 27.6 | 8.4 | 23.9 | 7.0 |
| 德国 | 0.2 | 1.3 | 6.1 | 1.9 | 7.6 | 2.2 |
| 英国 | 0.2 | 1.2 | 8.4 | 2.6 | 5.2 | 1.5 |
| 法国 | 0.1 | 0.9 | 4.0 | 1.2 | 3.4 | 1.0 |

资料来源：Xing（2010）。

同样，2005年后人民币升值则导致中国本土企业逐渐退出了一些产业的价值链。为了应对人民币升值，跨国公司要么将生产

图 5.4　三星的越南工厂

设施迁出中国，要么从中国以外的国家采购产品。2005 年以来人民币的累计升值，显然提高了中国劳动力的成本，大大削弱了中国在组装任务上与同样拥有丰富廉价劳动力的印度、越南、印度尼西亚等其他发展中国家竞争的能力。中国来料加工出口的大幅减少就是一个例证。自中国经济改革开始以来，来料加工出口逐年增长，2007 年达到 1160 亿美元的峰值，然后开始下降，2017 年降至 780 亿美元。这表明许多中国企业已经退出了来料加工的纯组装业务。研究表明，人民币累计实际升值是促使中国企业退出全球价值链中附加值最低的纯组装环节的主要因素之一（Xing，2018a）。中国曾经是三星手机最大的组装基地。2012 年，约 65%的三星手机是在中国组装。到 2019 年，三星将组装任务全部转移到越南（图 5.4），使越南变成仅次于中国的全球第二大手机出口国。工资上涨和人民币升值，导致中国劳动力成本大幅上涨，这是三星将手机价值链迁出中国的主要原因之一。简而言之，在价值链主导贸易的时代，人民币汇率的变动，是通过中国企业进入和退出全球价值链，而非传统的价格机制来影响价值链贸易的。

## 结 论

全球价值链在中国与世界其他国家商品贸易中的主导地位，极大地削弱了人民币汇率对中国进出口及其贸易平衡的影响。在汇率传递效应存在的情况下，如果人民币升值，受影响的只是中国出口产品中蕴含的国内增加值，外国增加值并不受影响。中国出口产品中蕴含的外国增加值比例越大，人民币升值/贬值传递效应就越小。此外，中国企业为生产出口产品而进口的中间产品，代表了海外市场的需求，并不代表中国的内需。因此，这一部分进口，例如加工贸易进口，会随人民币升值而下降。只要中国贸易中很大一部分是由价值链驱动的国际贸易，人民币升值能否减少中国的贸易顺差就不确定。按照同样的逻辑，指望人民币贬值实现完全对冲特朗普关税的风险，也是不现实的。中国出口产品中包含的外国材料和零部件，不仅放大了关税的负面影响，也削弱了人民币贬值的预期效果。用人民币贬值来平衡特朗普政府对中国商品征收的 25% 的关税，是一项不可能完成的任务。

如今，在全球价值链时代，进出口价格已不再是人民币汇率影响中国贸易流动的主要渠道，但是，人民币汇率的变动可以影响中国企业进入或退出全球价值链的决定，从而间接影响中国的进出口贸易和平衡。20世纪90年代人民币的累计贬值，极大地促进了出口导向型外国直接投资流入中国，从而增强了中国作为廉价的劳动密集型产品制造基地的竞争力，促进了中国企业参与全球价值链。另一方面，2005年以来人民币的累计升值则诱发了：中国企业逐渐退出简单的装配任务，同时，跨国公司逐渐将劳动密集型任务迁出中国的趋势。

第六章

# 中国成功融入全球价值链的外部因素：支持性的政策环境

近几十年来，全球价值链的扩张，为新兴经济体提供了一条实现工业化和经济发展的新道路。制造业尤其是信息和通信技术产业制造过程的模块化，降低了制造产品的技术门槛。从工业化角度来说，制造任何一个产品，一个国家并不需要拥有全部模块的制造能力。通过参与发达国家跨国公司主导的价值链，发展中国家可以规避资本、技术和市场劣势，提高工业化程度，甚至加入高科技产品制造过程。前几章对过去40年中国出口奇迹的回顾与分析，清楚地表明中国出口成功的根源，在于中国企业积极参与了全球价值链，利用全球价值链的溢出效应，成功地实施了出口导向型经济增长战略，推进了中国的工业化进程。然而，对于发展中国家的企业来说，加入全球价值链并利用随之而来的溢出效应，是一件说起来容易、做起来难的事情。企业要成功加入全球价值链需要一个支持性的政策环境。这个环境可以鼓励全球价值链主导企业将其价值链扩展到本国，并为国内企业进入价值链提供便利。创造一个有利于参与全球价值链的政策环境，需要有适当的经济制度，需要鼓励贸易和外国直接投资的政策。

2015年，经合组织的报告《发展中国家参与全球价值链：贸易和贸易相关政策》("Participation of developing countries in global value chains: trade and trade related policies")指出，贸易政策，如本国和外国市场的低进口关税，以及对外国直接投资的开放，是支持发展中国家参与全球价值链的关键因素。《2015年亚太贸易与投资报告》("Asia-pacific trade and investment report 2015", ESCAP, 2015）总结了确保企业进入全球价值链或扩大全球价值链的参与或在全球价值链内升级这三个方面的具体政策。联合国劳工组织报告（2019）强调，促进贸易和鼓励外国直接投资、发展基础设施、提高劳动力技能，以及促进产业集群激励措施，对于企业成功加入全球价值链很关键。《2017年全球价值链发展报告》（世界银行，2017，图6.1）强调，保证契约执行和保护知识产权的法律制度，是确保供应链跨国界稳定运作，以及保

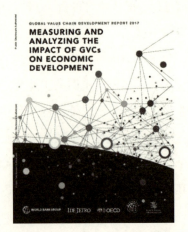

图6.1 《2017年全球价值链发展报告》

## 第六章 中国成功融入全球价值链的外部因素：支持性的政策环境

护全球价值链主导企业的无形资产的基本环境要素。

为了将中国从一个封闭的中央计划经济体转变为一个开放的、市场导向型的经济体，中国政府在过去 40 年中实施了一系列经济体制改革措施。这些经济体制改革措施包括价格自由化、国有企业改革、财政改革、进出口贸易体制改革以及外国直接投资政策改革等（Chow，1994；Lin Cai 和 Li，1994）。这些与贸易自由化和外国直接投资有关的改革举措，培育了促进中国企业成功参与全球价值链的环境。在本章中，我将讨论三项具体政策：（1）加工贸易制度；（2）开放和鼓励外国直接投资的政策；（3）加入世贸组织。我也将详细讨论这些政策对中国企业参与全球价值链、促使跨国公司将其生产活动转移到中国的重要性。

## 加工贸易制度

自经济改革开始以来，中国政府一直在积极推动加工贸易：中国企业从国外进口部分或全部必要的原材料和中间投入品，将其加工或组装成最终产品后，出口到海外市场。显然，加工贸易是全球价值链贸易的一个具体的子集，通常是劳动密集型的生产活动。一个国家要大规模地从事加工贸易，需要大量的廉价劳动力。20 世纪 80 年代初，中国有 13 亿人口，人均收入不到 1000 美元，因此是跨国公司将装配任务离岸化、将廉价的劳动密集型产品制造外包的理想对象。专注于加工贸易，从事简单的组装和劳动密集型任务，是中国企业切入全球价值链的正确选择。它使中国企业能够顺利进入跨国公司主导的价值链，并且充分利用中国的自然比较优势。此外，加工贸易使中国企业能够克服中国经济在供应足够数量的高质量零部件上能力不足的缺陷，这些缺陷源于中国20世纪80年代和90年代的低工业化水平和技术瓶颈。即使在21世纪的今天，中国的高科技企业仍面临着许多技术瓶颈，利用全球价值链战略采购外国企业制造的核心技术模块，依旧是它们的唯一选择。

加工贸易有两种模式：来料加工和进料加工。在第一种模式中，外国企业向中国企业提供生产成品所需的所有材料和中间投入。中国企业按照预先规定的产品标准，利用外国企业提供的原材料，组装或者生产制成品，在把产品交付给外国企业后获得加工费。全部利用外国企业提供的材料进行加工出口生产，意味着外国企业只是将组装工作外包给中国企业。中国企业在生产来料加工出口产品时，贡献的仅仅是简单的劳动服务，这是全球价值链上增加值最低的任务。

经过40年的高速经济增长，中国已经积累了超过3万亿美元的外汇储备，是世界上外汇储备最多的国家。但早在20世纪80年代和90年代，中国还是一个外汇极为短缺的国家。我在1990年出国时获得的外汇额度是45美元，就是美国人一顿普通晚饭的开支。当时外汇不足的问题困扰着需要进口原材料和设备的企业。利用来料加工的方式生产出口产品，是中国企业克服外汇短缺硬约束的一种有效方式。它使缺乏外汇的中国企业在没有

第六章　中国成功融入全球价值链的外部因素：支持性的政策环境

外汇的情况下，也能够获得进口的中间产品，并用这些进口的原材料生产出口产品。第二种方式是进料加工出口，即中国企业利用外汇从国外购买原材料和其他中间投入品，再利用这些进口的原材料制造出口产品，然后把这些产品卖给主导价值链的外国企业。在进料加工出口的生产中，使用少量的国产原材料是一种常见的做法。

为了促进加工贸易的发展，中国政府特意为加工贸易建立了几乎是自由贸易的制度。首先，具有从事加工贸易资格的中国企业，从国外进口原材料和零部件用于制造出口产品时，免征关税和增值税，其进口产品的数量也不受进口配额限制。其次，其出口产品（通常称为加工出口产品）免征增值税和出口税。这种优惠待遇实际上把加工贸易置身于一个自由贸易的框架下。随着跨国公司将生产任务不断细分，然后外包给越来越多的国家，参与全球价值链的国家的关税和非关税壁垒，无疑提高了全球价值链贸易和生产的交易成本。对于一个希望加入全球价值链的国家来说，贸易便利化、低关税和少非关税壁垒是不可或缺的必要条件。与丰富的廉价劳动力相结合，加工贸易制度使中国成为跨国公司将制成品组装离岸外包的理想地点，这是中国演变为世界工厂的主要动因之一。

为配合国家推进加工贸易的发展战略，许多地方政府纷纷建立了加工贸易工业园区。它们对这些加工贸易园区的基础设施，例如电力、供水和道路网络、办公楼和工厂等进行了大量投资。2010年以前，中国大约有55个加工贸易出口区，是为专门从事加工贸易的企业而建的。这些园区内的企业大部分是外商投资企业。为了促进产业升级和地区经济发展,许多地方政府也投资建设了经济技术开发区,其内的许多企业也是从事加工贸易的。2010年以前,全国共有33个经济技术开发区。这些开发区大约占中国加工进口(用于制造出口产品的中间投入品)区域的12.8%(Yu和Tian,2019)。

加工贸易制度不仅为中国企业参与全球价值链开辟了一条独特的道路,同时鼓励跨国公司将其价值链延伸到中国,并为其利用中国丰富的廉价劳动力提供了独特的机会。在过去的40年里,来自香港地区、台湾地区以及韩国、新加坡、日本、美国和欧洲等国家的数十万投资者,抓住了这一机遇,在中国纷纷设立从事加工贸易的工厂,为非中国市场服务。在信息和通信技术产业,台湾地区企业如富士康、和硕、仁宝电子等全球领先的电子产品制造商,几乎将所有的组装工厂都搬到了大陆。这在中国与世界信息和通信技术产业价值链之间架起了一座桥梁,把中国嵌入到信息和通信技术产业的价值链中。台湾地区是在20世纪80年代初,开始发展半导体和信息技术生产能力的。随着信息和通信技术逐渐成熟,产品生产流程模块化,台湾地区企业以加工商的身份参与到IBM、DELL、Intel、SONY等跨国公司主导的价值链中。

为了利用大陆的廉价劳动力,享受加工贸易的优惠政策,台湾地区信息和通信技术企业逐渐将大部分产能转移到大陆。这不仅促进了大陆信息和通信技术产品的制造,也推动了大陆本土企业加入信息和通信技术产业价值链。2007年,以全球市

第六章 中国成功融入全球价值链的外部因素：支持性的政策环境

场占有率计算，台湾地区企业在笔记本电脑制造方面排名第一，超过9000万台；在液晶显示器生产方面排名第一，达到1.175亿台；在主机板制造方面排名第一，达到1.49亿台；在台式电脑、服务器和数码相机方面排名第二。但是，这些产品绝大多数是台湾地区企业在大陆工厂生产的，并销往台湾地区和大陆以外的市场。例如，2007年，台湾地区企业生产的数码相机的98%是在大陆的台资企业生产的；笔记本电脑方面，这个比例是97.5%。到2009年，台湾地区信息产业95%的组装产能已经离岸来到大陆。富士康在大陆的投资，则是自第一代iPhone推出以来，中国一直是苹果手机最大组装国的主要原因（Xing，2014a）。

利用加工贸易促进出口、推动中国经济融入全球价值链的战略，非常成功。如第三章所述，加工贸易是中国出口奇迹的主要推动力。加工出口占中国出口总额的比重，从20世纪80年代不到10%的水平，上升到2006年的最高点57%。在高科技产品类别中，中国的出口已经超过了日本、美国和欧盟27国。在中国出口年均增长两位数的2000—2007年间，加工出口占中国高科技产品出口比例超过80%。加工贸易是中国制造产品打入国际市场，特别是高收入国家市场的特殊载体。在中国加入WTO之前，中国对进口产品征收较高的关税，然而加工进口产品却享受零关税。中国利用加工贸易实现单方面贸易自由化的策略，是一种推动出口的创新政策，是体现"中国模式"的特色，也是中国奇迹与日本和"亚洲四小龙"代表的"东亚奇迹"的主要区别。

## 外国直接投资促进政策

目前,制造同一种产品的生产活动,在地理上跨越国界的分布,在一定程度上是跨国公司海外直接投资的结果,也是一种流行的离岸生产模式。跨国公司通过海外投资建立的工厂,不是服务于当地市场,就是出口基地,或者两者兼有。这是它们将其价值链延伸到本国边界之外的一种方式。外国直接投资的流入,特别是以出口为导向的外国直接投资的流入,始终是直接投资接受国参与全球价值链的媒介。拥有外国跨国公司子公司的国家,就自动被这些跨国公司融入全球价值链中。另外,跨国公司的直接投资也为当地企业参与全球价值链创造了机会。外国投资企业采购当地企业生产的材料和零部件是很普遍的现象。外国投资企业的出现,为本地企业成为外国投资企业指定的供应商提供了机会。所有外资企业指定的供应商,都属于这些外资参与/主导的全球价值链的一部分。例如,一些在华外商投资企业最初仅进行纯组装活动,所需材料和零部件全部从国外进口。随着技术能力的逐步发展,中国本土企业掌握了生产进口零部件替代品的技能。这时,外资企业就开始向合格的中国本土企业购买零部件和服务。外国投资企业的出现,为中国本土企业参与跨国公司主导的价值链提供了一个窗口。研究表明,外国直接投资与全球价值链参与度之间存在着密切关系。联合国贸易和发展会议(2013)在对187个国家的分析中发现,一个国家的全球价值链参与度的年增长率与这个国家接受的海外直接投资的存量年增长率,存在

## 第六章 中国成功融入全球价值链的外部因素：支持性的政策环境

显著的正相关关系。这表明外国直接投资可能是决定一国参与全球价值链程度的重要因素。以东南亚国家为样本研究显示，欢迎外国直接投资的制度可以提高全球价值链参与度 20 多个百分点（Kowalski 等，2015）。

中国加工贸易战略的成功，离不开与之相应的外国直接投资政策。自从中国开始进行经济改革，加工贸易制度就与中国的外国直接投资促进战略相互促进。改革初期，面对严重的资金短缺和低效的国有企业的制约，中国政府决心利用外商直接投资来弥补资本的不足，获取先进的技术和生产技能，促进出口。1978 年，当中国政府启动了革命性的经济改革时，中国对外国直接投资的开放就被放在首位。这既是一个经济制度改革决定，也是一个大胆的政治举措。因为此前，在中国国土上的外国投资和外国所有权，往往被视为接受外国殖民统治的同义词。

1979 年，中国政府颁布了《中外合资经营企业法》，以消除体制上的障碍，建立保护外资利益的法律环境。中国政府在实施经济改革时，遵循的是渐进而非大刀阔斧的改革方式，被总设计师邓小平称为"摸着石头过河"。出于对向外资开放后结果的谨慎态度，中国政府最初将外资限制在汕头、深圳、珠海和厦门这四个经济特区。它们是 1980 年设立的外资试验田。由于四个经济特区在吸引外国直接投资、促进出口和推动区域经济增长方面取得了成功，中国政府在 1984 年决定扩大经济特区，将 14 个沿海城市纳入其中。1986 年，为了给外国投资者更多的选择权和更大的自主权，中国政府通过了《外商独资企业法》，正式允许外国投资者独立设立和经营公司。最终，在20世纪90年代末，整个中国都对外资开放了。

优惠的税收政策是激励外商投资的主要手段。在2005年中国政府统一内外资企业所得税之前，外商投资企业享有大量的优惠税收待遇。例如，外商投资企业在首次实现利润后的两年内免征所得税，并在此后的三年内可减免50%的所得税（Zebregs和Tseng，2002）。跨国公司进行海外直接投资的目的包括占领当地市场和将东道国作为出口平台。出口导向型的外国直接投资，往往会大幅促进直接投资接受国的出口。从改革开放到现在为止，为了促进国内就业和经济增长，中国政府一直将吸引出口导向型外国直接投资作为主要目标。为了吸引出口导向型外国直接投资，中国政府对出口70%以上产品的外商投资企业的所得税优惠期进行了延长。此外，中国政府还要求外商投资企业在进口所需的外汇方面是独立的。这一政策是有意引导外商投资企业将其大部分产品出口到海外市场。

自经济改革开始以来，经济增长一直是评价中国地方政府官员业绩和决定晋升的最重要标准之一。在吸引外国直接投资方面，除了中央政府允许的优惠税收政策外，地方政府还为外国投资者提供了各种优惠政策。例如，出口大省广东的财政部门，对投资额超过5000万美元的项目给予外国投资者现金奖励，金额至少是投资额的2%。廉租土地是吸引外资的另一个法宝。中国地方政府有权收购农田，并将其转化为工业用地。它们通常利用廉价的工业用地来招揽外资。例如，在广东，从事制造业的外国投资者可以按照最低租金的70%租用工业用地。另外，经过认证的外商投资企业的高级管理人员,在社会保险、医疗、购房、银行服务、子女教育等方面可以享受与当地居民同等的优惠(《中国日报》,2019)。

上述优惠政策与中国丰富的廉价劳动力相配合,导致中国在吸引外国直接投资方面非常成功。1980—2018年间,中国吸收的外国直接投资累计达2.1万亿美元,使中国成为所有发展中国家中最大的外国直接投资接受国(新华网,2019)。外国直接投资大量流入,为加工贸易和出口的增长提供了至关重要的支持。图6.2为1995年至2018年外商投资企业参与中国出口的情况。1995年,外商投资企业的出口占中国出口总额的31.2%;到2006年,这一数字上升到最高峰,达到58.2%,超过中国出口总额的一半。

自2010年以来,外商投资企业的出口份额逐渐下降,2018年降至41.7%。外商投资企业从出口海外市场转向中国国内市场,是导致这种下降的因素之一。中国经济的快速增长使得中国国内市场不断扩大。2010年,中国超过日本成为全球第二大市场。迄

**图6.2 外商投资企业对中国出口和加工出口的贡献**

资料来源:笔者根据中国海关总署数据计算。

今为止，中国已成为全球最大的机动车市场，年销售量近 3000 万辆。为了满足数以亿计的中国中等收入家庭不断增长的需求，越来越多的出口导向型外商投资企业，增加了在中国国内的销售。例如，在交通设备领域，1996 年，在华日资制造商把大约 84% 的产品都销往海外，但到了 2018 年，它们几乎把所有的产品都在中国市场销售。

更令人印象深刻的是外国直接投资在加工贸易中的决定性作用。图 6.2 显示了外国投资公司对加工出口的贡献。1995 年，外商投资企业占加工出口的 57%。在随后的几年里，外商投资企业在加工贸易中的主导地位不断加强；到 2008 年，外商投资企业制造的产品几乎占加工出口的 85%。在随后的 10 年中，这一比例变化不大。如前所述，加工出口是全球价值链的一个组成部分，可以作为衡量中国参与全球价值链的直接指标。另外，外国直接投资也是跨国公司将装配和其他任务离岸外包的主要方式。外国直接投资企业在中国加工出口贸易中占主导地位的事实，清楚地表明了外国直接投资的流入极大地促进了中国融入全球制造业的价值链。

## 中国加入世贸组织

毫无疑问，加工贸易制度建立了一个自由贸易环境，使进口材料和中间产品可以自由进入中国，同时中国制造/组装的产品可以相对畅通无阻地离开中国。这种特殊的安排无疑降低了材料和货物

第六章 中国成功融入全球价值链的外部因素：支持性的政策环境

进出中国的交易成本。另一方面，国外市场对中国制造商品的开放程度，也是决定跨国公司是否愿意将生产任务离岸外包到中国，从中国采购商品和服务的一个重要因素。中国企业参与全球价值链，需要中国制造/组装的产品能够方便地进入国际市场，至少不会比其他国家的商品受到更多的监管和歧视。保证中国商品以优惠条件进入国外市场的双边和多边贸易协定，对中国企业参与全球价值链也至关重要。中国已与许多贸易伙伴签署了双边和多边自由贸易协定。2001年12月中国加入世贸组织（图6.3），是中国进一步融入全球价值链的一个催化剂，它不仅扩大了中国参与全球价值链的范围，而且促进了中国在几乎所有制造业部门价值链的参与深度。

中国成为世贸组织成员后，被其他世贸组织成员给予永久最惠国待遇。这使中国与世界其他国家和地区的贸易关系正常化，从而极大地增加了中国制造的商品进入国际市场的机会。扩大的

图 6.3　中国正式加入世界贸易组织

外国市场准入机会，促进了中国几乎所有行业的出口（Wakasugi 和 Zhang，2015）。另一方面，世贸组织的争端解决机制为成员提供了一定程度的保护。作为世贸组织的成员，中国产品可以避免一些歧视性的措施。在中国正式加入 WTO 后，一些贸易伙伴撤销了对进口中国产品的诸多限制。

在加入世贸组织之前，中国与其他国家的贸易一般是由双边最惠国待遇协定来规范的。在中国启动经济改革后不久，美国和欧洲就给予中国最惠国待遇；这为中国商品打开了两个最大的国外市场。然而，根据美国 1974 年的《贸易法》，中国被列为非市场经济国家，中国的最惠国待遇是有条件的，这个地位必须每年更新。如果中国最惠国待遇没有被续签，中国的商品进入美国时，将适用 1930 年《斯穆特 – 霍利关税法》（"the Smoot–Hawley tariff act"）定义的针对非市场经济体的非优惠高关税。对中国的最惠国待遇进行每年审查的要求，给了美国国会里中国批评者挑战这一决定的机会，并留下了中国产品进入美国市场的优惠条件被取消的可能性。这种不安全感使跨国公司不敢让美国市场过度依赖中国商品。1989 年春夏之交的政治风波后，一个由经济民族主义者和人权团体组成的联盟打着冠冕堂皇的旗号，曾经多次试图取消中国的最惠国待遇。从 1990 年到 2001 年，美国众议院每年都试图撤销中国的临时最惠国待遇，引起了跨国公司对中国制造商品进入世界最大市场的疑虑（Salam，2020）。当时中国最惠国地位的不确定性，无疑阻止了跨国公司对中国大规模离岸和外包活动，抑制了它们利用中国庞大的廉价劳动力资源为美国市场服务的冲动。

## 第六章 中国成功融入全球价值链的外部因素：支持性的政策环境

作为加入世贸组织谈判进程的一部分，美国国会于2000年做出了决定，将"永久正常贸易关系"（PNTR）扩大到中国。PNTR是美国《贸易法》中的一个术语，相当于最惠国地位（Lardy，2000）。中国加入WTO后，则消除了其享受的最惠国地位的不确定性，鼓励了美国企业在中国开设工厂，将廉价产品的生产外包给中国的供应商（Pierce和Schott，2016）。当时，美国是日本、韩国等国家和台湾地区最重要的出口市场。这些经济体的公司一直瞄准美国市场。它们也利用中国加入世贸组织的机会，加快了对中国的离岸外包，从而促进了中国企业参与全球价值链。

此外，加入世贸组织使中国能够从该组织推动的贸易自由化中获益。根据《多种纤维协定》，发展中国家的纺织品和服装出口一直受到限制。1995年，世贸组织成员批准了《乌拉圭回合纺织品和服装协定》（"the Uruguay round agreement on textiles and clothing"），正式决定：到2005年，取消发展中国家纺织品和服装出口配额。由于加入WTO，中国被纳入了这个协定，从而获得了纺织品和服装这两类商品不受限制地进入全球市场的机会。纺织品和服装配额的取消，使中国能够极大地发挥比较优势，扩大纺织品和服装在全球的出口（Brambilla等，2009）。废除《多种纤维协定》对数十万家中国企业至关重要，这些企业已经成为H&M、ZARA、GAP和沃尔玛等全球时尚厂商和大型零售商的指定供应商。《多种纤维协定》协议的失效，从根本上加快了中国纺织品和服装出口的增长。2005年前4个月，中国对欧盟国家的纺织品出口比上年猛增82%；2005年4—5月对美国的纺织品和服装出口比上年同期增长66%。为了控制中国纺织品和服装在美国和欧盟市场的突飞猛进，中国政府自愿同意将该行业的年增长率限制在8%—12.5%（Edmonds，Croix和Li，2006）。

加入世贸组织进一步刺激了外国直接投资进入中国，特别是制造业中以出口为导向的外国直接投资。从2001年到2003年，全球外国直接投资逐年减少，而进入中国的外国直接投资每年都有正增长，2001年猛增15%。2004年，全球外国直接投资恢复增长，当年增长2%；中国的外国直接投资流入量增长了13%。在中国加入WTO之前，不到60%的外国直接投资流向了制造业；而在加入WTO之后，70%的外国直接投资流向了制造业（Whalley和Xing，2005）。外国直接投资的增加，促进了加工出口的增长，并将加工贸易在中国总出口中的比重推高到2006年的57%。这也进一步加强了外商投资企业在加工贸易中的主导地位。加入世贸组织引起的外国直接投资的流入，进一步促进了中国企业参与全球价值链。

正在进行的中美贸易摩擦，为加入WTO是中国成功参与全球价值链必要条件的观点提供了反面例证。对2500亿美元的中国商品征收25%的关税，是特朗普政府的单边行动，违反了WTO的最惠国规则。该关税使得采购中国产品，然后将其出口到美国市场的成本更高。在美国关税的影响下，许多跨国公司逐渐将服务于美国市场的供应链从中国分散开来。美国时装产业协会的调查显示，超过80%的美国品牌商表示将减少从中国的采购。李维斯（Levi's）已经将其产品在中国制造的比例，从2017年的

第六章 中国成功融入全球价值链的外部因素：支持性的政策环境

16%降至2019年的2%（Kapadia，2020）。

## 结　论

除了中国的内在优势，特别是丰富的廉价劳动力，以及与日本和"亚洲四小龙"企业的生产网络的联系外，中国政府实施的促进出口和外国直接投资流入的政策，为中国企业成功参与全球价值链做出了重大贡献。这些政策营造了一个支持性环境，不仅鼓励跨国公司将中国企业纳入其价值链，而且为中国企业作为指定供应商或装配商参与全球价值链打开了机会之窗。加工贸易、外国直接投资和加入世贸组织，是促使中国转变为全球制造业价值链中心的三个最重要的政策举措。

在中国加入世贸组织之前，中国政府曾实施各种关税和非关税壁垒来限制进口。然而，加工贸易制度的建立，为进口用于出口的材料和零部件创造了自由贸易环境。这是一种革命性的变革，完全符合全球价值链主导企业，将组装和其他低增加值任务分配给中国企业，然后服务国际市场的需要。诚然，加工贸易在许多发展中国家都存在，但就加工贸易的规模和覆盖的行业范围而言，中国是无可比拟的。几乎所有的中国制造业部门都已经向加工贸易开放。在最高峰时，加工出口占中国总出口的57%；即使在2018年，这一比例仍超过三分之一。加工贸易制度是中国参与全球价值链最有效的实践。

生产活动离岸一般伴随着海外直接投资，这是跨国公司在全球范围内扩大其价值链的方法之一。自20世纪80年代初以来，中国积极促进外国直接投资的流入，尤其鼓励出口导向型外国直接投资。地方政府提供的优惠税收政策和激励措施使中国成为发展中国家中最受欢迎的外国直接投资流入国。外资企业在中国的加工出口中占主导地位，占比超过80%。2001—2010年间，它们也占中国出口的一半以上。外国投资企业深度参与中国出口，反映了外国直接投资在促进中国融入全球价值链方面的重要性。

加工贸易制度和外国直接投资政策方针，改善了中国的内部环境，为全球价值链向中国延伸扫除了障碍。与此同时，中国加入世贸组织，极大地扩大了中国产品进入世界市场的机会，确保了中国的最惠国地位。作为WTO的正式成员，中国享受了该组织推动的贸易自由化的好处。例如，废除《多种纤维协定》使中国受益最大，为中国成为全球服装厂商和大型零售商的主要供应商消除了障碍。换言之，加入世贸组织改善了中国的外部环境，为中国企业融入全球价值链创造了必要条件。

中国企业参与全球价值链的深度，也受益于中国政府提高物流效率、加强知识产权保护，以及积极发展交通和电信基础设施的政策。在过去几十年里，中国将其GDP的5%以上用于基础设施投资。这为连接国内供应商和外国企业，为中国产品出口到海外市场提供了必要的交通网络（Luo和Xu，2018）。除了这些政策要素外，我认为，外国直接投资政策、加工贸易制度和加入WTO，是支撑中国转变为全球制造业价值链中心的决定性政策因素。

第七章

# 全球价值链与中国手机行业的崛起

一个典型的价值链，是由一系列需要各种技能的不同任务组成的，包括从劳动密集型到资本密集型，从信息密集型到知识密集型。全球价值链的主导企业，一般会根据企业和国家所拥有的技能和资源方面的竞争力，来分配每一项必要的任务。苹果公司的 CEO 蒂姆·库克曾说过："我们做制造业的方式是，观察所有国家，看看每个国家都有哪些技能，我们挑选最好的。"（Murayama 和 Regolado，2019）

要想成功地融入全球价值链，企业需要确定与自己的专长和比较优势相匹配的任务。在中国经济改革之初，丰富的廉价劳动力是中国的比较优势。最初，中国企业大多利用廉价劳动力的优势，进入全球价值链，专门从事劳动密集型的任务，如装配、标准件和低技术含量的零部件生产，以及基础材料的供应。无论在劳动密集型或技术密集型行业，中国企业都是如此。缝制耐克鞋、优衣库牛仔裤、用进口材料制造高质量的 Paperblanks 笔记本和组装 iPhone，都是中国企业在外国跨国公司管理的价值链上从事低增加值任务的例子。

承接各种低增加值的任务，为中国企业融入全球价值链打开了大门。从进入全球价值链开始，到参与高增加值环节，再到获取更多的增加值，并最终发展成为全球价值链主导企业，是一个漫长的过程。这一演化过程，对中国利用参与全球价值链来提高收入水平，实现全面工业化至关重要。进入全球价值链的低技能、低增加值环节相对容易，因为所需的技能、培训和投资有限，任务门槛低。另一方面，由于进入容易，许多企业倾向于进入全球价值链的低增加值环节。因急于从全球价值链的溢出效应中获益，并通过价值链战略实现工业化，越来越多的发展中国家争相进入这些低增加值的任务领域。这加剧了从事低增加值任务企业之间的竞争，侵蚀了企业的利益。

基于廉价劳动力的竞争，从长远来看是不可持续的。为了使自己从竞争对手中脱颖而出，企业必须创新自己的产品和服务，以便在价值链中向上发展，并确保获得高增加值工作的合同。否则，它们就有可能陷入所谓的"低增加值陷阱"（Sturgeon 和 Kawakami，2010）。一些发展中国家一直在与中等收入陷阱做斗争，尽管它们的产业已融入全球价值链。例如，马来西亚自20世纪90年代中期以来，就陷入了"中等收入陷阱"，主要原因是没有进行产业升级。马来西亚的电子产业，是该国制造业的支柱，在20世纪90年代初，被全球五大合同制造商伟创力（Flex）、捷普（Jabil Circuit）、天弘（Celestica）、新美亚（Sanmina-SCI）和富士康（Foxconn）纳入全球价值链。这些企业将其马来西亚子公司部署在劳动密集型的半导体、计算机组件和计算机的组装与测试领域。工人技能水平低下，以及马来西亚政府鼓励引进低工资外国劳工的政策，是马来西亚电子产业陷入"低增加值陷阱"约30年的根本原因（Raj-Reichert，2019）。

作为全球信息和通信技术产品的组装中心，中国已经成为全球第一大笔记本电脑、数码相机和手机出口国。起初，一些观察家对中国的价值链战略并不乐观，他们预期若采用价值链战略，中国手机制造商会"更像戴尔（很少进行产品研究和设计），而不是汤姆·沃森的IBM（高度垂直一体化）"（Brandt和Thun，2010）。迄今为止，为国外制造商组装信息和通信技术产品，仍然是许多中国企业的主要任务。然而，过去20年中国信息和通信技术产业的发展表明，中国企业并没有被困在所谓的低增加值领域。许多企业已经转向承接更复杂的任务，并在外国跨国公司主导的全球价值链中获得越来越多的增加值。尤其值得注意的是，一些中国企业已经成为拥有自主品牌的全球价值链主导企业。在全球个人电脑（PC）市场，中国企业联想已经超越惠普和戴尔，目前排名第一，占全球市场24%的份额（IDC，2018）。同样，在全球手机市场，中国本土品牌华为、OPPO和小米，如今已跻身全球五大智能手机品牌之列（Counterpoint，2019）。中国手机产业的空前成功，是一个通过参与全球价值链获得成功的经典故事。在本章中，我将以中国手机产业为例，阐明全球价值链帮助中国企业进入该产业、打入国际市场、实现技术创新、培育本土品牌的机制。

## 中国手机产业：从组装任务向价值链高端发展

一部典型的移动电话，由 1000 至 1500 个零部件组成。移动电话小到可以手持，这意味着其中一些部件非常微小，只有人的手，而不是机器人，才能处理和组装成可用的手机。因此，手机的组装是劳动非常密集的工作。中国丰富的廉价劳动力，使中国企业在从事这种烦琐的劳动密集型工作时具有比较优势。最初，中国企业利用廉价劳动力的优势，承接手机组装任务，这开启了中国企业进入全球手机制造商的价值链的大门。随后，中国企业利用全球对移动通信设备需求的爆炸性增长进行产能扩张，并与手机价值链主导企业一起成长。在智能手机出现之前，中国是摩托罗拉、诺基亚等全球主要手机品牌的组装中心。从苹果推出第一代智能手机 iPhone 3G 开始，中国一直是 iPhone 的独家组装基地。

在巅峰时期，全球第一大手机制造商三星 65% 的手机是在中国组装的。尽管中国企业没有掌握核心部件制造和操作系统设计的技术，但全球手机厂商的生产和组装的外包活动将中国变成了全球最大的手机出口国。这种趋势目前还在继续。手机需求的日益增长，以及国际手机品牌商持续的技术创新，不断推动了中国的手机生产和出口的快速增长。

为了说明全球价值链对中国手机产业发展的贡献，以及组装作为中国企业参与全球高科技产品市场切入点的重要性，我考察了 2000—2012 年间中国手机产量和出口的增长情况。这样做有三个原因：首先，该时期是中国手机产量和出口量都实现了指数增长的时期。其次，在这个阶段，中国制造的绝大部分手机是销往国外市场而不是国内市场的。最后，也是最重要的一点，在这个阶段中国本土品牌在国际市场上的影响微乎其微，对中国手机出口的贡献可以忽略不计。

图7.1为2000年至2012年中国手机生产和出口情况。从图中可以看出，21世纪初，中国手机生产和出口规模相对较小。2000年，中国生产手机5250万部，其中出口到海外市场的有2280万部，约占总量的43%。在此期间，手机逐渐取代了个人电脑，成为即时通信、游戏、娱乐和拍照的综合设备。智能手机的出现加速了这一趋势。在全球需求爆炸性增长和手机产业加速技术创新的推动下，中国手机年产量扩大了近20倍，到2010年猛增到9.983亿部。出口增长更快，该年就飙升至7.76亿部，使中国成为

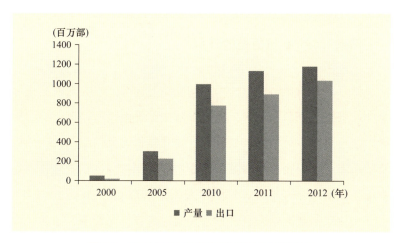

图7.1　2000—2012年中国手机产量和出口量

资料来源：UN COMTRADE 和中国国家统计局。

世界第一大手机出口国。2012年，中国手机年出口量，达到里程碑式的10亿部大关。需要强调的是，2005年至2012年，中国手机出口量，始终占全国年产量四分之三以上。在最高峰时的2012年，中国向国外出口手机10.3亿部，超过全年产量的87%。

鉴于该时期所有中国制造的手机，都是用外国公司的核心技术部件（CPU、NAND和DRAM）和操作系统制造的，中国手机出口的空前增长，显然与中国企业的比较优势和竞争力关系不大。它是由以中国为组装基地的全球手机制造商的品牌、技术和销售网络的溢出效应驱动的。该时期出口量的指数增长状况，清楚地说明了价值链在促进中国制造/组装手机出口中的关键作用。主导企业（摩托罗拉、诺基亚、苹果和三星）的创新和营销活动，不仅刺激了全球消费者对手机的需求，同时也增加了对中国工人的低技能和低增加值服务的需求。

### 沿着iPhone价值链的升级

融入全球价值链类似于参与动态学习曲线，因为它使非主导企业能够进行创新和升级。拥抱参与全球价值链所提供的学习机会，企业可以显著增强创新能力，提升对价值链的贡献。在任何价值链中，主导企业都要定义产品，制定质量标准，规定技术参数等。所有非主导企业，都必须遵循主导企业制定的设计规则。主导企业与制造商通常会进行密集的沟通和信息交流，这为非主导企业获取新知识和生产诀窍提供了一个独特的渠道。一些亚洲服装业供应商，从原始设备制造商（OEM）到原始设计制造商（ODM）的转变，在很大程度上是它们参与服装商品价值链的结果（Gereffi，1999）。

对于在全球价值链上从事低增加值的企业而言，全球价值链提供的学习机会包括：面对面的互动、主导企业的知识转移、采用国际标准的压力，以及主导企业对企业员工的培训（Marchi，Giuliani 和 Rabellotti，2017）。这种学习促进了全球价值链非主导企业的产业升级和创新活动，如增加产品的价值，从单纯的装配工作升级到设计工作，以及提高生产工艺的效率（Morrison，Pietrobelli 和 Rabellotti，2008）等。

中国手机企业有两种不同的升级路径，线性升级和非线性升级。线性升级基本上是沿着价值链循序渐进，从低增加值的任务到高增加值的任务。例如，一家企业可能从组装手机开始，然后进入低技能含量和非核心部件的制造，逐步发展出生产内存芯片、CPU 等核心部件所需的技术能力，最终设计其自有品牌的手机。沿着价值链的线性创新模式，不同于传统的线性创新概念。文献中定义的传统线性创新指的是，从基础研究开始，最终进入应用研究、开发和推广等阶段的过程（Godin，2006）。小米的 MIU 界面、OPPO 的 VOOC 闪充技术以及华为的麒麟处理器，都是沿着价值链进行线性创新和升级的例子。而从国外供应商处采购核心技术，并直接跳跃到品牌建设，则属于非线性的创新模式。中国自有品牌制造商（OBM），利用手机生产的模块化，采用了非线性模式，成功打破了国外竞争对手在国内外市场上的垄断。

在苹果公司推出第一代智能手机 iPhone 3G 时，位于中国的企业，只有台湾地区的富士康参与了 iPhone 3G 的生产。它将美国、日本、韩国和德国公司供应的零部件组装成可使用的 iPhone 3G。每部 iPhone 3G 的组装费为 6.5 美元，这是中国为 iPhone 3G 的生产所贡献的全部增加值；在所有参与 iPhone 3G 价值链的国家中，中国的贡献最小。iPhone 的出现及其在智能手机市场的主导地位，为中国手机产业提供了利用全球对智能手机需求的快速增长获益的绝佳机会。作为 iPhone 的组装中心，中国手机产业从 iPhone 在世界市场的热销中获益颇丰。世界市场对 iPhone 需求的不断增长，持续不断地转化为对中国手机产业的组装服务和周边零部件的需求。自第一代 iPhone 推出以来直到 2018 年，苹果公司已售出了大约 16 亿部 iPhone，这意味着中国向世界出口了超过 10 亿台代表时尚和前沿技术的 iPhone，为中国手机产业近几十年来的发展奠定了基础。

2018 年，苹果推出了 iPhone X，这是第 12 代 iPhone。它采用了最先进的技术，包括 3D 传感技术。对 iPhone X 的拆解分析显示，中国企业除了继续从事组装任务之外，越来越多地在更高层次上参与到 iPhone 价值链中，执行更复杂的技术任务，贡献更多的增加值。这些成功的升级表明，中国企业并没有被困在 iPhone 制造的低增加值环节。

成为苹果指定供应商，或进入 iPhone 生产中增加值相对较高的环节，在经济上的回报率极高。一旦一家企业加入苹果供应商的阵营，全球数亿苹果用户都将是该公司产品或服务的潜在客户。这种可预见的、报酬丰厚的前景,促使中国企业努力提高其产品质量,以达到苹果公司极其严苛的标准,从而获得苹果公司指定供应商的资格。苹果公司公布的供应商名单显示,中国企业在苹果公司控制的价值链中数目越来越多,并扮演着越来越重要的角色。2014年,在苹果供应链上的198家企业中,有14家是中国企业,其中有几家是供应显示器和印刷电路板等部件的企业(Grimes 和 Sun,2016)。

表7.1列出了参与 iPhone 3G 和 iPhone X 生产的中国企业和它们承担的任务。就 iPhone 3G 而言,富士康是唯一一家位于大陆的参与 iPhone 生产的企业,从事的是增加值最低的任务:组装。在生产 iPhone X 的过程中,除了富士康,还有10家本土企业参与其中,它们供应非核心部件,执行简单组装之外的任务。这些任务分布在相对复杂的不同生产环节。

表 7.1 参与 iPhone 3G 和 iPhone X 生产的中国企业

| iPhone 3G(2009) | iPhone X(2018) |
|---|---|
| · 组装(富士康) | · 组装(富士康) |
| | · 触摸屏模块的功能部件(安捷科技) |
| | · 用于3D传感模块的滤波器(水晶光电) |
| | · 无线充电用线圈模块(立讯精密) |
| | · 印刷电路板(维信电子) |
| | · 扬声器(歌尔声学) |
| | · 射频天线(深圳顺威) |
| | · 电池组(欣旺达) |
| | · 玻璃盖板(蓝思科技) |
| | · 不锈钢边框(科森科技) |
| | · 相机模块(欧菲光) |

资料来源:Xing(2020a)。

例如，中国领先的电池制造商欣旺达（Sunwoda）为 iPhone X 提供电池组。iPhone 早期机型使用的是索尼电池组，欣旺达取代索尼成为电池组供应商，是欣旺达在 iPhone 价值链上向上升级的重要一步。科森科技（Kersen Science & Technology）为 iPhone X 供应不锈钢边框，蓝思科技（Lens Technology）生产玻璃盖。此外，中国企业安捷科技（Anjie Technology）和立讯精密（Luxshare Precision）分别参与制造 iPhone X 触摸屏和无线充电用线圈模块。触摸屏和 3D 传感模块是 iPhone X 的关键技术部件，前者可以将用户的手指动作转换为可被解读为指令的数据，而后者则是 iPhone X 中引入的面部识别系统的关键部件。中国企业东山精密（Dongshan Precision）通过收购美国公司 M-Flex，加入了苹果的供应商行列。中国企业歌尔声学（Goertech）、深圳顺威（Shenzhen Sunway）、水晶光电（Crystal-Opetch）和欧菲光（OFILM），则分别供应了扬声器、射频天线、滤波器和相机模块等功能部件。

这些中国企业的参与，尽管是在 iPhone X 价值链的非核心技术环节，但也表明中国手机产业作为一个整体，已在 iPhone 价值链上更上一层楼。值得一提的是，嵌入在 iPhone X 印刷电路板组件（PCBA）中的所有核心部件，包括处理器、DRAM、NAND、显示屏和摄像头等，依然由包括苹果、高通、博通、三星、东芝和索尼等非中国企业供应。这些核心部件是中国手机产业未来升级和技术创新路线图中的目标。

为了估算一个国家出口中的国内增加值，或者估算一个国家与其贸易伙伴之间的双边贸易差额，使用产品的制造成本作为基准是恰当的。但为了确定中国企业在整个 iPhone X 价值链中所获取的价值，我们应该以零售价格而非制造成本作为基准，因为零售价格代表了 iPhone X 的总增加值，图 7.2 比较了中国在 iPhone X 和 iPhone 3G 中获得的增加值。按照制造成本，中国在 iPhone 3G 的增加值中仅获取了 3.6% 的份额，而在 iPhone X 中的份额则为 25.4%。显然，在 2009—2018 年间，中国企业从 iPhone 生产中获得的增加值大幅增长。以零售价格为基准，我们看到，每售出一部 1000 美元的 iPhone X，中国可以获得其中的 10.4%，远高于每售出一部 500 美元的 iPhone 3G 所获得的 1.3%。2018 年，全球市场共销售了 2.2 亿部 iPhone，中国企业在 iPhone 价值链上升级成功，给中国带来了巨大的经济效益。Ferguson 和 Schularick（2009）创造了"中美共同体"（Chimerica）一词来描述中美之间紧密的经济合作。iPhone 就是 Chimerica 的一个典型的微观例证。苹果公司的创新、设计和市场营销活动，加上中国企业的组装和制造活动，是 iPhone 成功的主要因素。由于中国深度参与了苹果公司的价值链，苹果公司在创新和营销方面的成功，则不断给中国经济带来巨大的收益。

## 中国本土品牌在全球市场上的崛起

中国企业沿着 iPhone 价值链，为 iPhone 制造相对复杂的零

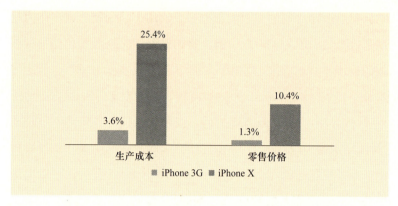

图 7.2　iPhone 3G 和 iPhone X 中包含的中国增加值
资料来源：Xing（2000a）。

部件，并完成除组装之外的任务，是一个沿着全球价值链线性升级的例子。除了为国外 OBM 制造手机外，中国手机产业还创造了若干手机品牌，在国内外市场上与国外品牌竞争。华为、小米、OPPO 和 vivo，这些最知名的中国手机品牌，不断蚕食国外竞争对手的市场上的份额，并彻底扭转了国外品牌在中国手机市场上的垄断局面。中国自主品牌手机厂商在国内外市场上的崛起，是利用全球价值链进行非线性升级的结果。

华为曾经是中国最大的手机制造商，也是全球第二大手机制造商，被认为是最具创新力的中国公司。2018 年，它在研发上投入了 153 亿美元，甚至超过了苹果公司的研发投入（Bloomberg，2019a）。与其他中国手机制造商相比，华为的创新更具技术导向。华为研发了麒麟处理器，其最新机型华为 P30 Pro（图 7.3）就采用了麒麟处理器。根据日本 Fomalhaut Techno Solution 公司的拆解数据（Tanaka，2019），华为 P30 Pro 采用的是华为子公司海思（HiSilicon）生产的麒麟处理器；这说明华为已经具备生产高通芯片组替代部件的技术能力，目前大多数中国手机制造商都在使用高通芯片组。麒麟处理器代表着中国手机产业迄今为止技术创新的最高水平。

OPPO 在中国市场排名第三，仅次于华为和 vivo。2019 年第四季度，其市场份额为 16%（Counterpoint，2020a）。得益于出色的自拍体验，OPPO 智能手机在中国的年轻消费群体中备受欢迎。实际上，OPPO 在广告中将其手机定位为相机手机，以便将 OPPO 与其他品牌区分开来。该公司在中国运营着一个由 20 多万家门店组成的、覆盖全国的网络，销售其产品。为了激励销售人员，该公司一般会支付比行业平均水平高得多的佣金（Wang，2016）。

在每一款 OPPO 手机 / 手机包装盒子的背面都有一行文字："由 OPPO 设计，在中国组装"（Designed by OPPO Assembled in China）（图 7.4）——这句话模仿的是 iPhone 背面的标识性说明。

图 7.3　华为 P30 Pro

Designed by OPPO Assembled in China

图 7.4　OPPO R11s

这句话听起来很奇怪，因为 OPPO 是一家百分之百的中国公司。OPPO 使用这句口号的目的，是在向用户传递一个信息：OPPO 手机采用的是最先进的技术，但中国的作用仅限于组装。不言而喻，OPPO 刻在手机/手机包装盒子背后的这句话，清楚地说明 OPPO 手机是全球价值链的产物。

根据出货量数据，2019 年第四季度，小米是中国第五大手机制造商。与 OPPO 不同的是，小米是一家无工厂制造商——它没有生产设施。它将其手机的生产全部外包给合同制造商。小米也是中国第一家仅在网上销售手机的手机制造商。小米最大的海外市场是印度。2018 年，小米超过了三星，成为印度第一大智能手机厂商。

Counterpoint（2020a）的市场调查显示，2019 年第四季度，中国品牌占据了中国智能手机市场 86% 的份额，其中华为以 35% 的份额领跑。出货量排名前三的智能手机品牌（华为、vivo、OPPO）均为中国品牌；它们合计共占据了中国市场 68% 的份额，苹果仅保有 14% 的份额。全球第一大手机制造商三星的份额在 2019 年缩减为零（图 7.5）。反观 2012 年的情况则截然不同：三星当时是中国市场上最大的制造商，市场份额为 14%，而华为只有 10%，OPPO、vivo 和小米的市场份额微不足道（Chen 和 Wen，2013）。

类似地，在 2012 年之前，全球手机市场实际上一直被三星、苹果和其他外国品牌主导。例如，市场份额最大的三星在 2012 年占据了全球市场 39.6% 的份额，而第二大手机制造商苹果占据了 25.1% 的份额；黑莓、诺基亚和 HTC 合计共占据了 18.4% 的

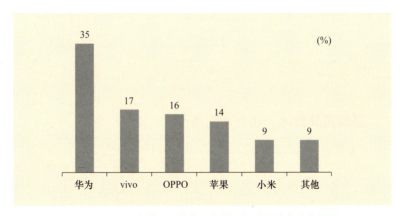

图 7.5　2019 年第四季度中国智能手机各品牌的市场份额

资料来源：Counterpoint（2020a）。

份额。只有16.9%的市场份额属于其他品牌，包括索尼、华为和摩托罗拉。凭借在国内市场的成功，中国的手机制造商开始在全球市场上销售它们自有品牌的手机。以中国品牌销售的手机，在国外市场上的存在感和市场份额日渐提高。一些中国品牌已经成为全球知名品牌，特别是在新兴市场。这些市场的低收入人群是中国品牌手机的主攻市场，因为中国品牌手机的价格普遍比iPhone等高端手机便宜。例如，包括小米、OPPO、vivo和Realme在内的中国手机制造商，在2019年第四季度占据了印度智能手机市场68%的份额。小米已成为在印度最成功的中国手机制造商。它已经超过了三星，成为在印度最受欢迎的智能手机品牌，市场份额为27%（Candytech，2020）。

2019年第四季度，华为排名第三，全球市场份额为14%，仅比三星少4个百分点。在该季度，OPPO、vivo和小米各占据全球市场8%的份额（图7.6）。事实上，OPPO和vivo同属一家公司——步步高电子公司，这是一家专门生产电子产品的中国企业。当时，OPPO和vivo的市场份额之和为16%。换句话说，步步高电子公司其实是全球第三大手机厂商。

### 采购国外技术，培育本土品牌

在很大程度上，全球价值链在手机产业的扩张可归因于模块化的兴起，即把复杂产品的制造分解成不同模块——亦即可独立设计和制造的子系统。模块化使得企业可以将各种组件进行混

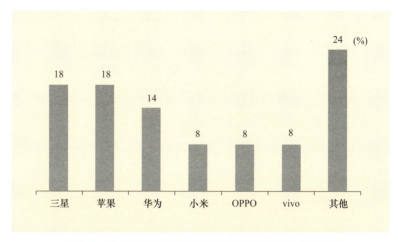

图 7.6　2019 年第四季度全球智能手机各品牌的市场份额
资料来源：Counterpoint（2020b）。

搭，以生产出符合不同消费者偏好的最终产品。通过在产品设计中利用模块化，企业可以提高产品创新率（Baldwin 和 Clark，2018）。手机生产的模块化降低了生产的复杂性，使潜在的市场进入者能够专注于组装等非核心技术活动。它还大幅降低了企业进入壁垒，发展中国家的企业因此可以更容易地通过采购技术部件进入该产业，从而克服其在操作系统和半导体制造方面的劣势。中国本土品牌华为、小米、OPPO 和 vivo 的崛起，正是这些企业采用全球价值链战略的结果。中国手机制造商生产处理器、内存芯片等核心部件的技术能力相对有限，但通过向国外跨国公司采购这些核心技术部件，并专注于渐进式创新、市场营销和品牌建设，从而成功进入全球手机产业。

在手机发展的早期阶段，手机的生产是一个复杂的过程，这个过程在一个纵向一体化的单个企业内部完成。在这种情况下，工业化国家的一些大企业（如诺基亚、爱立信和德州仪器）垄断了全球市场。2001年，率先推出GSM模式的法国公司Wavecom开发了第一个模块化设计，使手机制造商可以轻松地将应用集成到一块主板上。利用这种模块化的优势，中国电子设备制造商TCL于2004年进入手机市场（Sun，Chen和Pleggenkuhle-Miles，2010）。

2006年，台湾地区的半导体芯片设计公司联发科（Mediatek，MTK）开发了一种交钥匙解决方案。这是一种将硬件和软件结合在单一芯片上的集成解决方案，该芯片集合了基带平台和多媒体（声音和图像）数据处理。该解决方案是中国手机产业发展的一个里程碑，它极大地提高了手机生产的模块化程度，显著降低了手机行业的进入壁垒。交钥匙解决方案，对于缺乏必要技术能力的小型手机制造商来说，尤其具有价值。通过使用该芯片，企业可以很容易地增加产品功能，以满足不同消费者的偏好（Imai和Shiu，2010）。联发科的"交钥匙"解决方案促使山寨手机制造商（山寨原意是指假冒或仿制产品）大量涌现，它们之前要么是主要手机品牌的原始设备制造商（OEM），要么是批发零售商。然而，也有一些研究认为，山寨手机是小型手机制造商的自主创新产品。这些产品足够好用且价格实惠，能够满足目标客户的需求。山寨手机制造商不是通过技术创新，而是通过采用一种新颖的商业模式来获得市场份额（Hu，Wan和Zhu，2011）。

在智能手机时代，安卓（Android）操作系统（OS）和高通

图 7.7 联发科 5G 芯片

处理器芯片组已经成为标准的技术平台。截至 2018 年,中国领先的智能手机制造商中兴、小米、OPPO 和 vivo 的智能手机均采用安卓操作系统;小米和 OPPO 有 70% 的手机是在高通平台上打造的;中兴和 vivo 分别有 60% 和 50% 的手机使用高通平台(世界银行,2019)。安卓操作系统平台,降低了品牌商进行高端产品开发的技术门槛,使得一些中国的原始设备制造商(OEM)发展成自有品牌制造商(OBM),OPPO 的崛起就是一个典型的例子(Chen 和 Wen,2013)。

采用国外技术平台,专注于品牌发展和产品差异化,是中国企业为克服技术短板而普遍采取的策略。与开发诸如芯片组和操作系统等核心技术相比,采用现有技术平台所花费的时间和投资要少得多。核心技术研发的风险非常大。即使投入巨资,中国企业能否发展出生产必要核心部件的技术能力,也是不确定的。此外,核心技术的开发需要专业的人力资源,而这些人力资源在中国非常短缺。即便这些企业能够设计出操作系统或芯片组,能否与国外企业的现有技术相抗衡也还不清楚。手机产业的模块化,使后来者有可能利用国外企业提供的模块进入这个产业。拥有14亿人口的庞大的中国市场,有利于企业借助采购的技术,实施以营销为中心的战略。中国手机制造商对国内市场的关注,减小了它们与国外品牌商在市场营销方面的差距,也鼓励它们专注于营销和产品差异化。与国外知名手机制造商相比,中国手机制造商拥有更多关于中国消费者偏好的信息,也更了解他们。在发展初期,中国手机制造商大多采取低价策略,以吸引那些买不起昂贵国外品牌的消费者,并将目标瞄准国内三四线城市的消费者,因为这些城市还没有引起国外知名品牌商的重视。此外,中国厂商还开拓了细分市场,推出了拥有各种外设如双SIM卡、自拍专用、长寿命电池等功能的手机(Brandt 和 Thun,2010)。

为说明中国品牌手机对国外技术平台的依赖性,表7.2列出了华为P30 Pro、小米MIX 2和OPPO R11s三款中国品牌手机各自使用的核心部件和操作系统。三款机型均运行安卓操作系统。华为P30 Pro搭载麒麟处理器,该处理器标志着中国手机产业技术创新的最高水平。此外,华为P30 Pro采用了中国京东方科技(BOE Technology)生产的OLED显示屏。OLED显示屏是华为P30 Pro中最昂贵的部件。因为这两个关键部件,华为P30 Pro的中国增加值为38.1%。迄今为止,三星、LG和JDI一直在OLED显示屏市场居于主导地位;华为采用京东方科技的OLED显示屏,是对外国企业垄断地位的明显蚕食。华为P30 Pro使用的DRAM

来自美国公司美光科技（Micro Technology），NAND 来自三星。所有国外零部件合计占到了华为 P30 Pro 生产成本的 61.9%。华为 P30 Pro 依然严重依赖国外技术，是全球价值链的产物（图 7.3）。

表 7.2　中国品牌手机对国外技术的依赖程度

|  | 华为 P30 Pro | 小米 MIX 2 | OPPO R11s |
| --- | --- | --- | --- |
| 操作系统 | 安卓（美国） | 安卓（美国） | 安卓（美国） |
| CPU | 海思科技（中国） | 高通（美国） | 高通（美国） |
| NAND | 三星（韩国） | 海力士（韩国） | 三星（韩国） |
| DRAM | 美光科技（美国） | 三星（韩国） | 三星（韩国） |
| 显示 | 京东方科技（中国） | JDI（日本） | 三星（韩国） |

资料来源：Xing 和 He（2018）以及 Tanaka（2019）。

OPPO 2017 年发布的高端智能手机 OPPO R11s 是另一个具有启发性的案例（图 7.4）。它搭载了高通的骁龙 660 中端处理器，搭配三星的嵌入式多芯片封装（eMCP），采用了三星的 6.1 英寸全屏 AMOLED 显示屏。OPPO R11s 使用的 PCBA 板上嵌入的所有组件，均由国外企业供应，包括高通、三星、TDK 和村田（Muruta）。外资企业的总增加值占总制造成本的 83.3%，这与 OPPO 手机背面印有的"由 OPPO 设计，在中国组装"的词句相吻合。

与 OPPO 智能手机类似，小米在 2017 年下半年发布的旗舰机 MIX 2 也采用了顶级的处理器——高通骁龙 835。它拥有韩国海力士公司（Hynix）供应的 6GB NAND 闪存和三星生产的 64GB 动态随机存取内存，以及日本 JDI 公司（Japan Device Inc.）生产的 5.99 英寸 1080×2160 像素显示屏。在小米 MIX 2 的制造成本中，外国公司共占 84.6%，说明该机型对采购的外国技术的依赖程度非常高（图 7.8）。

表 7.2 的内容表明，中国品牌手机的制造仍然离不开国外技术，即使是创新能力最强的华为公司制造的手机也是如此。尽管 OPPO 和小米已经成为全球品牌，但其产品制造成本中的国外增加值明显偏高（占物料账单的 80% 以上），说明这两家公司的创新是渐进的和边际的。这两家著名的智能手机厂商，没有以大幅度的技术进步为目标进行追赶，而是利用现有的技术平台，专注于产品的差异化和品牌建设。OPPO 和小米的成功表明，全球价值链提供了一种非线性的创新模式，即通过采购必要的技术，中国企业可以进入高科技产业并成为全球价值链主导企业。

我们需要明白，创新不仅仅局限于技术的提升，品牌发展也是创新的重要形式。在全球价值链时代，采购技术是一种新的商业模式，中国手机厂商华为、小米、OPPO 就是这一商业模式的

图 7.8　小米 MIX 2

成功案例。品牌使企业拥有组织和控制价值链的能力，且往往构成了主导企业获取的增加值的最大来源。例如，以零售价格为基准，小米 MIX 2 的国内增加值是 41.7%，而 OPPO R11s 的国内增加值占零售价格的 45.3%。品牌溢价是这两款手机国内增加值大幅上升的主要因素之一（Xing 和 Huang，2021）。

这里需要强调的是，利用全球价值链战略进行非线性产品创新的必要条件是，企业可以自由地在国际市场上按照公平合理的价格采购必要的技术模块和技术平台。企业在国际市场上不会由于国籍而受到歧视。由贸易摩擦引发的可能的中美技术脱钩，暴露了这一战略的风险。由于美国政府对华为公司的制裁，华为的手机已经不可以使用美国的芯片组和安卓操作系统。美国的制裁切断了华为的供应链，直接威胁到华为手机业务的生存。2019 年第一季度，华为手机出货量为 5910 万台，占全球市场 17% 的份额；但是，2021 年第一季度，华为手机出货量，则大幅萎缩到 1500 万台，全球市场份额占有比例跌落到 4%（Counterpoint，2021b）。华为手机的兴衰，一方面揭示了全球价值链战略的风险，另一方面从反面证明了全球价值链是中国手机行业崛起的重要秘诀。

## 结　论

中国手机产业的空前繁荣，是发展中国家利用全球价值链战略成功进入高科技产业一个令人印象深刻的例子。即便是在今天，在手机产业，中国企业与国外领先企业之间仍然存在着巨大的技术差距。没有一家中国企业可以独立地开发智能手机操作系统，中国品牌手机，仍然依赖高通、三星、海力士、美光科技等公司的芯片组。然而，通过采用全球价值链战略，中国已经成为全球最大的手机制造国和最大的手机出口国。全球前五大手机品牌中有三个是中国品牌：华为、小米和OPPO。技术上的不足，并没有阻挡中国手机产业的崛起。外包必要的技术平台、专注于产品差异化和渐进创新的价值链策略，是中国手机产业取得重大成就的原因。以模块化为基础的全球价值链，为中国企业跳过技术障碍进入该产业提供了一条独特的路径。中国本土品牌在全球市场的崛起，以及中国企业在iPhone价值链上的升级，表明中国企业有能力进入价值链中技术和增加值更高的阶段，以及利用外国核心技术和平台与国外对手相竞争。

作为后来者，起初中国企业不得不以合同制造商的身份进入全球手机价值链，为苹果等外国厂商组装手机，但它们并没有让自己被困在低增加值环节。通过升级和创新，越来越多的中国企业进入了iPhone价值链的高端。在第一代iPhone中，中国企业只获得了制造过程中3.6%的增加值；但在iPhone X中，中国企业在制造过程中的增加值贡献率，激增至25.4%，达到104美元。全球市场上已经售出了大约16亿部iPhone。得益于全球价值链战略，中国企业可以参与到iPhone的价值链中，并从美国苹果公司的成功中获得了巨大的经济利益。

以模块化为基础的全球价值链的普及，使得利用非线性创新模式成为可能。中国手机制造商通过采购外国核心技术，利用外国技术平台，规避自己的技术弱点，专注于产品差异化和品牌的发展。利用这种非线性创新模式，中国手机制造商已经成功地打造出世界知名品牌。但是，全球价值链战略并非没有风险。中国手机产业的全球价值链战略，是基于这样的假设：中国企业能够通过公平的市场交易购买到必要的技术。美国将华为列入黑名单的行动，已经打断了华为的供应链。显然，华为继续采购美国技术已经不可行。如果美国政府将技术制裁的范围扩大到其他中国手机制造商，则中国手机产业将岌岌可危。鉴于中美关系的不确定性，中美技术可能脱钩带来的潜在风险，中国手机制造商必须寻找替代供应商或投资本土技术，或者两者兼而有之。

第八章

贸易摩擦与新冠疫情大流行：
以中国为中心的全球价值链上
的挑战

全球价值链像一只无形的手,将中国经济深度融入世界经济。过去几十年,中国企业参与全球价值链的范围和规模逐渐扩大,全球制造业出现了以中国为中心的全球价值链。随着技术能力逐步提高,中国企业超越了简单组装,在全球价值链上向上移动,进入相对高增加值的任务,为下游的外国企业提供零部件。在撰写本文时,中国是全球最大的汽车零部件出口国,也是全球制药企业最大的原料药供应商。中国制造的纺织品、服装、电信设备和办公及电子数据处理机在国际市场上的主导地位,以及中国企业摆脱"低增加值陷阱"的努力,进一步巩固了中国在制造品全球价值链中的核心地位。更令人印象深刻的是,通过采取全球价值链战略,联想、华为、OPPO、小米等若干中国本土企业脱颖而出,成为全球价值链主导企业,并建立了自己的全球价值链。它们专注于品牌发展并向外国企业采购核心技术,走出了一条非线性升级的道路。

然而,全球价值链战略并非没有风险。随着价值链上的任务被分解得越来越细，分散到越来越多的国家，价值链更容易受到外部冲击。一旦价值链的某个环节（无论是否为技能密集型）受到了外部冲击，很可能会扰乱整个价值链的运作，影响到价值链上的所有公司。自然灾害、地缘政治紧张和贸易摩擦，都是对价值链平稳运行和可靠性的潜在威胁。尚在进行的中美贸易摩擦和席卷全球的新冠疫情，在一定程度上暴露了以中国为中心的全球价值链的脆弱性。特朗普政府对中国商品征收惩罚性关税，大幅提高了在中国组装商品，或从中国采购美国市场需要的产品的成本。而中国工厂因新冠疫情突然停工，不仅在一定程度上扰乱了各国下游工厂的运营，也导致国际市场上抗击疫情急需的医疗用品，如消毒剂、呼吸机和个人防护设备等的短缺。随着贸易摩擦演变为科技摩擦，一些一直实施全球价值链战略，且高度依赖由美国企业提供的核心技术模块的中国高科技企业，被美国政府列入了黑名单。它们被剥夺了采购美国技术的权利。这严重干扰了它们供应链的运作，甚至使它们的生存受到威胁。

贸易摩擦使得以中国为中心的全球价值链的重新部署成为必要。来自美国、日本等国的全球价值链主导企业，将部分价值链从中国转移出去，要么转回国，要么转移到第三国。新冠疫情的大流行进一步加剧了这一趋势。这次疫情给各国政府的教训是：从国家安全的角度出发，医疗器械和药品应得到与粮食、能源同等的重视，应被列入国家安全必需品清单。医疗必需品生产的回归，可能成为价值链重组的一个新趋势，这将进一步削弱中国企业在全球价值链中的核心地位。美国对华为等中国科技企业的制裁,在一定程度上开启了两个最大经济体之间的科技脱钩进程,这提醒中国须警惕向美国企业采购核心技术给中国产业发展带来的巨大风险,也进一步强化了中国政府在半导体产业核心技术上实现独立自主的决心。中美贸易摩擦演变为科技摩擦的趋势,以及新冠疫情在美国的流行,也让美国政府担忧以中国为中心的全球价值链的安全性和可靠性。2021 年 6 月,美国拜登政府发布了"建设有韧性的供应链,复兴美国的制造业,培育全方位增长"的报告(The White House, 2021)。这个报告建议美国政府利用产业政策,支持恢复和发展制造业,降低在大容量电池、稀有原材料、医药以及原料药等产业对中国的过度依赖。过去 40 年,追求利润最大化和效率提升,推动了全球价值链的发展。而在未来,规避地缘政治风险,以及防备诸如新冠疫情大流行等自然灾害,将引导全球价值链的运行轨迹。在本章中,我将分析中美贸易摩擦和新冠疫情大流行对全球价值链重组的影响,并讨论未来可能出现的情况。

## 中美贸易摩擦:对以中国为中心的全球价值链的第一次冲击

自由贸易,或至少是一个低贸易壁垒的环境,是跨国公司在各国之间优化分配价值链任务的必要条件。通过全球价值链制造的货物,通常不止一次地跨越国界。贸易壁垒增加了清关和单证

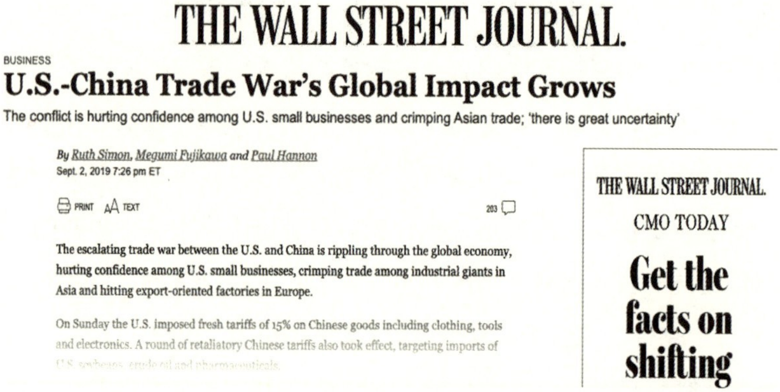
THE WALL STREET JOURNAL.

BUSINESS

**U.S.-China Trade War's Global Impact Grows**

The conflict is hurting confidence among U.S. small businesses and crimping Asian trade; 'there is great uncertainty'

By Ruth Simon, Megumi Fujikawa and Paul Hannon
Sept. 2, 2019 7:26 pm ET

PRINT TEXT 203

The escalating trade war between the U.S. and China is rippling through the global economy, hurting confidence among U.S. small businesses, crimping trade among industrial giants in Asia and hitting export-oriented factories in Europe.

On Sunday the U.S. imposed fresh tariffs of 15% on Chinese goods including clothing, tools and electronics. A round of retaliatory Chinese tariffs also took effect, targeting imports of U.S. soybeans, crude oil and pharmaceuticals.



图 8.1 《华尔街日报》关于中美贸易摩擦的报道

方面的交易成本，而关税则增加了中间产品和最终产品的额外成本。中国的加工贸易体制，有效地将自由贸易环境制度化，有利于中国企业参与全球价值链。但是，正在进行的中美贸易摩擦，破坏了中国作为美国市场商品的组装者或采购中心的必要环境。

美国前总统特朗普一再声称中美贸易不公平，因为美国对中国产品征收的关税，远低于中国对美国商品征收的关税。这种不对称的关税结构，既给进入美国市场的中国出口产品带来了优势，也阻碍了美国产品进入中国市场。中国的产业政策和补贴，也被指属于不公平的贸易行为，给与美国企业竞争的中国企业带来了优势。这些不公平的贸易行为，被认为是美国对华贸易逆差增长的主要驱动因素之一。此外，特朗普政府还指责中国盗窃知识产权，并强迫美国公司将其技术转让给中国的合作伙伴（The White House，2018）。经过 40 年的高速经济增长，中国已经成为美国在世界经济中霸主地位的潜在挑战者。美国对华贸易逆差

第八章 贸易摩擦与新冠疫情大流行：以中国为中心的全球价值链上的挑战

的飞速增长，以及"中国制造2025"所体现的雄心壮志，进一步强化了美国对中国经济实力上升所带来的威胁的担忧。特朗普政府期望利用贸易摩擦改写中美贸易规则，迫使中国进一步向美国企业开放市场，放弃扭曲美中企业竞争的不公平做法（Xing，2018b）。

美国前总统特朗普利用关税发动对华贸易摩擦。他认为，关税是最有力、最有效的武器，可以迫使中国政府按照美国的条件签署贸易协议。到目前为止，特朗普政府已经对价值2500亿美元的中国商品征收25%的关税，这些商品包括电子、家具和机械。信息和通信技术领域的全球价值链主导企业，将组装这种低技能和劳动密集型的工作分配给中国企业，其主要原因之一是中国的劳动力成本低。低成本也促使全球大型零售商将服装、鞋类、玩具、圣诞和生日装饰品等低价值产品的生产，外包给中国企业。无论是由中国企业，还是由美国的进口商来支付25%的关税，这额外的关税肯定会提高运往美国市场的中国制造的商品的成本，并削弱中国相对于印度、印度尼西亚和越南等其他发展中国家的成本优势。

事实上，关税的不利影响远比税率显示的要大得多，因为关税是根据中国商品的总价值而不是增加值征收的。中国的出口商品一般都包含进口的外国中间产品。例如，2014年中国对美国出口的信息和通信技术产品中，外国增加值占54%。关税的负面效应通过价值链成倍增加。在第三国，如日本和韩国生产的零部件，因为最终被用于在中国组装的产品，所以也会被征收25%的关税。这就大大提高了在中国组装产品的成本。以 iPhone X 为例：如果出口美国的 iPhone X 被征收 25% 的关税，一部在中国组装的 iPhone X 进入美国市场后，它的成本将增加 102 美元，几乎等于这部手机中包含的全部中国增加值。换句话说，对 iPhone X 总制造成本征收 25% 的名义关税，实际上是对相应的中国增加值征收 100% 的关税。

由于进口中间产品对中国制造商的经营而言是外生的，外国增加值引起的关税负担，中国企业无法通过提高生产率、降低成本或借助人民币贬值等常规手段来抵消。美国的进口商，几乎不可能在不遭受巨大利润损失的情况下吸收 25% 的关税。因此，对于利用全球价值链生产的中国出口产品而言，用常规方法来规避美国政府的惩罚性关税并不现实。唯一可行的选择，是将服务于美国市场的价值链转移出中国。许多跨国公司已经开始重组其全球价值链，将工厂迁出中国，或在第三国寻找替代方案。这些行动，直接导致了以中国为中心的全球价值链的重构。中国的合同制造商正面临着被其他国家的供应商取代的可能性。现有价值链的重组，毫无疑问将削弱中国的出口能力，这比关税对成本的直接影响更具有破坏性。

在价值链中，中国供应商有义务跟随主导企业。它们主要执行生产阶段的任务，被动地服从生产什么和生产多少的命令。它们与主导企业的关系是不对称的，对自己的产品在哪里销售没有发言权。这种安排使中国企业免于与研发、品牌发展和营销有关的风险，是参与全球价值链的优势之一。另一方面，当主导企业

## 第八章 贸易摩擦与新冠疫情大流行：以中国为中心的全球价值链上的挑战

为应对贸易摩擦而决定寻找替代供应商，或重新部署其价值链时，中国企业将面临失去全球价值链成员资格的危险。许多买方驱动的全球价值链，都依赖中国作为低价值和低技能产品的来源国。对于买方驱动的全球价值链的主导企业，例如沃尔玛、优衣库和H&M等，在越南、孟加拉国和印度尼西亚等其他发展中国家，寻找替代中国企业的供应商相对容易。鉴于全球价值链主导企业与中国供应商之间权力的不对称，中国企业几乎没有影响价值链重组的筹码。如果重组趋势持续的时间足够长，中国将发现自己在以美国为目标市场的全球价值链中可能不再扮演核心角色。

中国美国商会进行的一项调查（2019）显示，约有40%的受访企业表示，它们正在考虑或已经将其生产设施迁出中国。对于那些计划将制造业务迁出中国的企业而言，首选目的地是东南亚（24.7%）和墨西哥（10.5%）。贸易摩擦也促使几乎将所有产品的组装都放在中国的苹果公司，考虑重组其以中国为中心的价值链。苹果公司已经要求其主要供应商，评估将15%—30%的产能从中国转移到东南亚对成本的影响（Li 和 Cheng，2019）。苹果公司的主要合同制造商富士康，已经开始在印度的工厂组装iPhone 11系列。这是这家美国科技巨头重组其供应链，以实现其生产地点在中国之外的多元化战略的一部分（Marandi，2020）。标有"加州设计，印度组装"的iPhone将很快在国际市场上销售。作为苹果最重要的供应商，富士康其实一直在为中美供应链可能的脱钩做准备。到目前为止，富士康已经将近三分之一的产能配置在中国大陆以外的地方（Li，2020）。

表 8.1　已经把供应链从中国大陆转移出去的跨国公司

| 公司介绍 | 新地点 | 产品介绍 |
|---|---|---|
| 和硕（台湾地区） | 印度 | 电信设备 |
| 斯凯奇（美国） | | 鞋类 |
| 苹果 | | 最新型号的 iPhone |
| 卡西欧（日本） | 泰国 | 手表 |
| 理光（日本） | | 打印机 |
| 松下（日本） | | 立体声音响 |
| 仁宝电子（台湾地区） | 台湾地区 | 路由器 |
| 惠普（美国） | | 个人电脑 |
| 戴尔 | | 个人电脑 |
| 夏普（日本） | 越南 | 个人电脑 |
| 任天堂（日本） | | 视频游戏机 |
| 歌尔科技（中国大陆） | | iPod |
| 日本电产（日本） | 墨西哥 | 汽车零部件 |
| GoPro（美国） | | 小型摄像机 |

资料来源：Hoshi、Nakafuji 和 Cho（2020）。

这种价值链的转移并不仅仅限于美国企业。由于预期中美贸易摩擦进一步升级，许多日本企业也加快了退出中国市场的步伐。过去任天堂的大部分 Switch 游戏机是在中国组装的，现在它开始将生产线转移到越南。夏普考虑将其 Dynabook 笔记本电脑的生产转移到越南或中国台湾地区。理光已经将销往美国的多功能打印机的生产，从中国转移到泰国（Sese，2019）。根据日经新闻社的研究（Hoshi，Nakafuji 和 Cho，2020），已有超过 50 家全球公司宣布计划将生产迁出中国大陆。就连为苹果公司生产无线耳

### 第八章 贸易摩擦与新冠疫情大流行：以中国为中心的全球价值链上的挑战

机的主要合同制造商——中国公司歌尔科技，也将其装配线迁往越南，以规避25%的关税——该关税涵盖了流行的AirPods。表8.1列出了一些因贸易摩擦而撤出中国大陆的跨国公司。除规避关税之外，保持参与美国政府采购的资格，是这些跨国公司离开中国的另一个原因。当然，这些东南亚国家的产业链不够健全，技术工人也不够熟练，能否有效承接或大批量承接这种转移也是一个值得思考的现实问题。

中美贸易摩擦正在重塑以中国为中心的价值链。科尔尼中国多元化指数（The Kearney China Diversification Index）记录了美国从亚洲进口的制造业产品，从中国转向其他亚洲低成本国家的再平衡过程。该指数显示，美国公司大幅减少了从中国采购的商品数量，并开始从其他亚洲国家采购这些商品。根据科尔尼中国多元化指数，在2013年亚洲低成本国家对美制成品出口中，中国占67%。但在2019年第四季度，中国的份额下滑到56%，而美国从亚洲低成本国家进口的制成品的价值，则从2018年的8160亿美元下降到7570亿美元，下降了约7%。这一下降完全是由于来自中国的进口急剧萎缩造成的，中国对美国的制成品出口额暴跌了17%，即900亿美元。而同年其他亚洲低成本国家对美国的制成品出口额，增加了310亿美元。越南是以中国为中心的全球价值链重组的最大受益者。在自中国分流出来的310亿美元对美国出口中，越南接手了约140亿美元（Kearney，2020）。

中美贸易摩擦还凸显了全球价值链战略的另一个风险：地缘政治危机导致的对技术模块出口的禁止。采取全球价值链战略的中国企业，主要专注于其核心竞争力，并从国际市场的供应商那里获得其他必要的服务和技术模块。全球价值链战略的可行性取决于两个条件：国际市场上买卖双方的交易不受非市场力量的影响；不存在基于国籍的对买方的歧视。联想、华为、小米、OPPO等中国信息和通信技术企业已在全球市场崛起，但这种崛起严重依赖采购外国技术，而这些技术大多由美国公司控制。随着贸易摩擦的升级，并日益演变成中美之间科技主导权之争，美国政府将越来越多的中国企业列入黑名单，基本上禁止向这些中国企业出口任何美国技术（表8.2）。作为世界上的科技超级大国，美国垄断了信息和通信技术中的核心技术。如果没有美国公司（主要是苹果、谷歌和微软）创造的操作系统，电脑和智能手机将沦为电子元件的集合体，无法发挥它们作为信息时代工作和日常生活不可或缺的工具的作用。美国的制裁对于采取全球价值链战略、高度依赖美国技术的中国企业而言，是毁灭性的。

2019年5月，美国商务部将华为及其关联公司列入实体名单，因为它认为，华为及其关联公司参与了"与美国国家安全或外交政策利益相悖的活动"。被列入实体名单，实质上是剥夺了华为进入美国的机会。尽管华为是世界上最具创新性的电信设备制造商之一，但高通芯片组、美光内存芯片和谷歌的安卓操作系统等美国技术，对华为产品而言是不可或缺的。国家安全没有公认的标准，每个主权政府都有根据其国家利益和优先事项界定国家安全的自由。禁止华为产品进入美国市场，听起来似乎很合理。

表8.2　2018年以来部分被列入美国商务部实体清单的中国公司

| |
|---|
| 北京华为数字技术有限公司（中国北京） |
| 华为设备（深圳）有限公司（中国广东） |
| 上海海思科技有限公司（中国） |
| 北京特立信电子技术股份有限公司 |
| 华北集成电路有限公司 |
| 中国高新技术产业进出口总公司 |
| 华谊互联网信息服务有限公司 |
| 曙光信息产业股份有限公司 |
| 中国广核集团有限公司 |
| 深圳海思科技有限公司 |
| 海康威视 |
| 科大讯飞 |
| 北京云计算中心 |
| 奇虎360 |
| 南昌欧菲光科技有限公司 |
| 北京六合华大基因科技有限公司 |
| 上海银晨智能识别科技有限公司 |
| 烽火科技集团及其子公司 |
| 中国电子科技集团公司第七研究所 |
| 陕西长岭电子科技有限责任公司 |

资料来源：美国商务部。

但是，华为是一家国际化的公司，不仅为美国消费者服务，也为中国、日本、欧洲等非美国市场的消费者服务。禁止华为获得美国技术，使华为失去了为中国市场等非美国市场服务的能力。美国政府将华为列入黑名单后，已经导致2021年第一季度，华为手机出货量大幅萎缩到1500万台，全球市场份额从17%的高点跌落到4%（Counterpoint，2021b）。美国政府的禁令迫使华为大幅转向非美国供应商，并加快处理器芯片和其他重要智能手机部件的自主研发。华为 Mate 30是中国市场上的一款兼容5G的顶级智能手机。对该机的拆解分析显示，美国制造的零部件只占总物料成本的1%，比前期的11%大幅下降（日经新闻社，2020）。

2020年5月，美国政府进一步扩大了限制华为获得美国技术的范围。美国商务部（2020）发布了一项新规定，要求使用美国设计工具或设备为华为及其关联公司生产芯片的外国芯片制造商，必须申请许可证。该规定适用于华为的芯片设计部门海思。海思已经成功地设计了麒麟系列移动芯片，以替代高通的芯片组，并将麒麟芯片的制造外包给台积电。但是，台积电在生产芯片时需要使用美国应用材料公司（Applied Materials）提供的设备。新规定基本禁止全球各地的企业使用美国制造的机器和软件，为华为及其关联公司设计或生产芯片。而从高通到三星、联发科到索尼，都在使用美国的软件、知识产权、芯片设计工具和材料。美国政府对华为的强化制裁，给这家中国最大的电信设备制造企业带来了进一步的损害，甚至可能使其生存都成问题。

作为手机全球价值链的主导企业，华为每年从日本、韩国和台湾地区采购价值264亿美元的零部件。仅索尼每年就向华为出售数十亿美元的智能手机图像传感器。台积电估计每年从华为获得超过50亿美元的销售额，三星一直是华为内存芯片的主要供应商（Shimizu，2020）。对华为的新制裁，也将给华为主导的价值链上的所有企业造成巨大的连带损失。一直以来，人们都担心美国企业会突然停止向中国提供其所需的技术，从而使中国经济陷入瘫痪。为此，中国在2015年精心制定了"中国制造2025"战略，其中勾勒出未来十年中国的产业政策，强调发展面向未来的产业：集成电路、人工智能、机器人、生物技术、航空航天装备、新能源汽车和新材料。"中国制造2025"制定了2020年实现这些产业的核心零部件和基础材料40%的自给率，到2025年实现70%的自给率（中国国务院，2015）。中国政府将"中国制造2025"视为中国保护自己免受可能的敌意技术封锁的保险。过去，许多中国学者和政府官员表示这种风险很小，认为这种担忧是冷战思维的残余。在2018年中兴通讯遭到类似制裁后，华为所遭到的制裁表明，这种风险是真实存在的。华为和中兴事件，无疑使中国政府警觉到过度依赖美国技术所存在的风险，促使中国在核心技术上追求自给自足和独立，这反过来又会挑战和削弱美国公司所享有的技术垄断。到目前为止，已经有260家中国公司、研究机构和大学被列入美国商务部的实体名单。随着越来越多的中国高科技企业被列入美国商务部的实体名单，中美科技领域的脱钩或将不可避免，这不仅将鼓励中国奉行内向型的技术发展政策，也将抑制中国企业尤其是高科技企业采用全球价值链发展战略。然而，美国政府强迫中美脱钩，最终对美国的伤害可能比对中国更大。根据波士顿咨询公司的数据，在未来三到五年内，如果美国维持目前的限制措施，美国芯片制造商的收入将下降16%；如果美国完全禁止芯片制造商向中国客户销售，那么美国芯片制造商的收入将下降 37%（Tan，2020）。

## 新冠疫情大流行：对以中国为中心的全球价值链的第二次冲击

2020 年 1 月 15 日，中美签署了第一阶段贸易协议，同意在贸易摩擦中暂时休战。人们预期，休战将缓解两国经济关系的不确定性。不幸的是，从 2019 年 12 月开始的新冠疫情大流行，给以中国为中心的全球价值链增添了新的风险。到 2021 年 6 月，新冠疫情在全球范围内已感染超过 1.7 亿人，并导致超过 380 万人死亡。新冠疫情在全球范围内的传播，对全球经济活动造成严重干扰。其所导致的经济活动的混乱，已沿着全球价值链迅速蔓延。

为了阻止新冠疫情的流行，中国政府在 2020 年 1 月 23 日至 4 月 7 日，对武汉实施了封城，并对国内人员流动进行了严格的限制。这些措施在短期内几乎冻结了中国经济，导致依赖中国制造的零部件、处于价值链下游的许多国家的工厂停产。现成产品的组装，是以中国为中心的全球价值链重要性的一个方面。经过十几年沿价值链的升级发展，中国企业参与全球价值链已超越了单纯的组装，向处于价值链下游的外国企业提供零部件，已经成为中国企业在制造业价值链活动中的另一个层面。持续的技术创新，提升了中国企业的生产和技术能力。它们已将越来越多的中

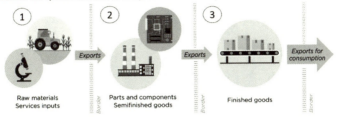
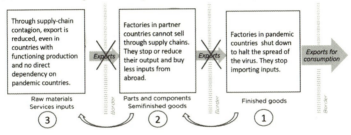

**图 8.2　新冠疫情流行对全球价值链的冲击**

资料来源：Olga Solleder and Mauricio T. Velasquez（2020），"The Great Shutdown: how COVID-19 disrupts supply chains"。

间投入品，纳入了自己的生产体系，而世界经济对来自中国的中间材料的依赖度，在过去 20 年里也大幅上升。2017 年，中国生产的中间产品，占世界中间产品进口量的 9.6%，远高于 2003 年非典病毒出现和传播时的 4.0%。与世界平均水平相比，考虑到价值链的区域性特征，东亚和东南亚国家对中国的依赖度更高。对于东南亚国家来说，中国已经取代日本成为最重要的中间材料供应国。图 8.3 显示了中国作为中间产品供应国对世界经济的重要性。2017 年，日本中间产品进口的五分之一来自中国，韩国中间

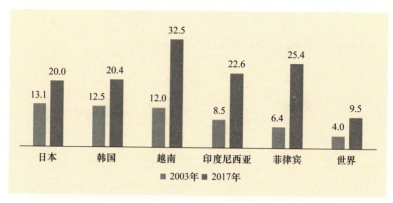

**图 8.3　自中国进口的中间产品的情况（占中间产品进口总额的百分比）**
资料来源：笔者根据世界银行数据计算的结果。

产品进口对中国的依赖程度也是如此。2003—2017 年间，东南亚国家从中国进口的中间产品急剧增加。中国制造的产品在印度尼西亚中间产品进口中的占比，从 8.5% 上升到 22.6%，而在菲律宾的占比则从 6.4% 跃升到 25.4%。在所有东亚和东南亚国家中，越南对中国中间产品的依赖程度最高：2017 年，越南近三分之一的中间产品进口来自中国。在同时包含中国和越南企业的价值链中，如电子和服装价值链中，中国企业处于增加值相对较高的环节，为位于越南的下游企业提供中间投入品。自三星将位于中国的手机组装厂全部迁至越南后，越南已成为全球第二大手机出口国。然而，三星中国工厂生产的电池、内存芯片等零部件，对其在越南的手机工厂中进行的组装工作是不可或缺的。

此外，近几年来，中国已成为全球最大的汽车零部件出口国，2018 年出口额为 348 亿美元。图 8.4 显示了美国、日本、德国和韩国 2018 年从中国进口汽车零部件的情况。美国汽车行业对中国的依赖程度最高,从中国进口的汽车零部件价值高达 116 亿美元,占美国该类进口总额的 16.2%。日本从中国进口的汽车零部件价值 32 亿美元,远低于美国。但从占进口总额的百分比来看,中国贡献了日本进口汽车零部件的三分之一以上。在所有主要汽车生产国中,日本面临的因中国汽车工业生产中断而带来的风险最大。汽车产业是韩国经济的支柱产业和增长引擎。一段时间以来,中国零部件供应商已经深度参与到韩国汽车企业的价值链中。2018 年,韩国从中国进口了价值 11 亿美元的汽车零部件,约占该类进口总额的 28.1%。例如,据报道,在韩国汽车制造商使用的线束中,中国工厂供应了 87%。而德国汽车制造商对中国供应商的依赖程度相对较低。2018 年,中国向德国出口了价值 16 亿美元的汽车零部件,仅占德国此类商品进口总额的 3.6% 左右。

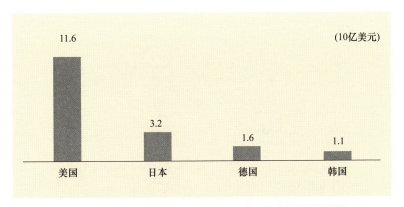

图 8.4　依国别分列的 2018 年从中国进口汽车零部件的情况

资料来源:UN COMTRADE 数据库。

湖北省是中国汽车工业的重要中心，但它是中国国内受新冠疫情影响最严重的省份。2019年湖北省的汽车产量是225万辆，约占中国当年总产量的9%。东风汽车是中国顶级国有汽车制造商之一，位于湖北省武汉市。东风汽车与日本汽车制造商本田和日产，以及法国汽车制造商标致-雪铁龙都有合资企业。东风—本田的合资企业在湖北省经营着三家乘用车工厂，年产大约80万辆，几乎占本田在华产量的一半。东风-标致-雪铁龙汽车公司在湖北省也有三家工厂，年产量高达75万辆。东风-日产的合资企业每年生产约27万辆乘用车，占日产中国产量的20%（图8.5）。通用汽车则通过与上汽的合资企业在湖北省生产雪佛兰和别克品牌的汽车（波士顿咨询集团，2020）。

此次疫情暴发引起的武汉封城，当时立即引发了全球汽车产业运行在一定程度上中断。日产汽车暂停了日本九州一家工厂的生产，原因是供应链中断，难以从中国采购零部件。丰田汽车停

图8.5　东风-日产合资汽车

止了包括下山（Shimoyama）工厂在内的部分工厂的生产，还关闭了4家位于中国的汽车制造厂。韩国现代汽车公司，则暂停了其在韩国国内三家汽车组装厂的运营（Okada，2020；Koizumi，Hosokawa 和 Tabeta，2020）。新冠疫情在中国的传播，首先导致中国国内工厂停工。中国工厂的停工沿着全球价值链向外传播，进而在世界其他地区引发多米诺骨牌效应。2020年2月11日至2月14日，上海美国商会（2020）对上海及周边省份的109家美国企业进行了调查，以了解新冠疫情大流行影响下的企业运营环境。在接受调查的企业中，有48%的企业表示其全球运营受到了为应对新冠疫情传播而采取的封锁措施的影响。在这48%的企业中，有78%的企业表示，没有足够的工人来恢复生产线的全面运作。上海日商俱乐部也就在华日资企业的经营情况进行了类似的调查。结果表明，新冠疫情的暴发影响了54%的受访企业的供应链，只有23%的企业在中国工厂长期停产的情况下有替代采购计划（Nakafuji 和 Moriyasu，2020）。

中国是苹果公司最大的生产中心。在苹果公司前200家供应商中，有75%在中国至少有一家工厂。疫情暴发导致中国工厂停产和恢复运营缓慢，打乱了苹果公司的供应链。苹果公司（2020）警告投资者，其1月宣布的2020年第一季度3月的营收目标将无法实现。为了满足对AirPods这种最受欢迎的智能手机无线耳机日益增长的需求，苹果公司计划大幅提高AirPods的产量，其2020年上半年的目标是4500万副。然而，因新冠疫情大流行，立讯精密、歌尔科技和英业达这三家中国AirPods的主要制造商，被迫在2020年农历新年假期结束后又停产两周。

休闲服装品牌优衣库在中国有128家工厂，占其合同制造商的一半以上。它在公司网站上宣布："因受新冠疫情的影响，生产和物流都出现延误。"优衣库约20%的缝制工厂在越南，这些工厂高度依赖来自中国的原材料。因新冠疫情而采取的中国封城措施扰乱了中国制造的面料的供应，并导致越南缝纫厂的出货延迟。GAP和Tommy Hilfiger等美国品牌的合同制造商，也面临着中国生产的面料短缺的问题。据柬埔寨服装制造商协会称，柬埔寨服装制造商约60%的原材料采购自中国。新冠疫情的经济传染性影响了柬埔寨服装业正常的经营活动。据当时估计，如果来自中国的原材料不能及时到达，大约200家工厂的90000名工人将停工（Onish和Okutsu，2020）。

正在进行的中美贸易摩擦，引发了一些跨国公司对价值链的重新部署，其中有少数公司已经将其供应链从中国转移出去。新冠疫情的泛滥，进一步加剧了外资企业把供应链迁移出中国的风险。2020年2月，上海美国商会进行的一项调查显示，30%的受访企业表示，如果工厂无法重新开工，它们计划将生产移出中国。谷歌和微软是智能手机和个人电脑制造领域的两个重要新制造商。鉴于逐渐显现出来的新冠疫情的影响，谷歌和微软计划加快将其手机、个人电脑和其他设备的生产从中国转移到东南亚的步伐。谷歌在2019年的手机出货量为700万部，微软在同年的出货量为600万台个人电脑。大多数谷歌智能手机和微软制造的电脑是在中国生产的。因中美贸易摩擦，这两家硬件领域的新制造商曾计划将生产从中国转移出去。新冠疫情的暴发，或将进一步增强它们将生产基地从中国转移出去的决心。据报道，在中国工厂因新冠疫情的暴发而被迫关闭后，谷歌要求其中国供应商评估将生产设备从中国运往越南的可行性和对成本的影响（Chen 和 Li，2020）。

一部分日本制造商已经开始将生产转移出中国，因为它们越来越担心新冠疫情的暴发会延长中国工厂关闭的时间。据松下公司首席财务官称，该公司已经为电子产品准备了一个在中国以外进行生产的替代计划。日本大型汽车零部件制造商爱信精机公司（Aisin Seiki）计划将其部分中国生产线迁回日本，以应对新冠疫情对生产的干扰。在中国有大量业务的丰田纺织公司考虑将生产转移回日本或移到泰国。其他一些日本企业，如任天堂、夏普、理光等，在中美贸易摩擦爆发后已经开始将生产迁出中国。这些日本企业在当时都加快了外迁的步伐（Horiuchi，2020）。新冠疫情大流行再次表明，过度依赖中国是有风险的，而多元化是应对政治和自然灾害战略的重要内容。

## 新冠疫情大流行暴露了医疗用品供应链存在的危险

新冠疫情大流行凸显了在基本医疗用品供应方面过度依赖中国所存在的危险。所有受疫情影响的国家对呼吸机和个人防护设备的需求都急剧增加，而这些国家没有足够的产能生产这些产品，因此不得不严重依赖进口，而主要是从中国进口。这场疫情大流行威胁到了这些产品的大量和可持续供应。全球价值链的地理布局的基本原则是，根据各个国家的比较优势，将所有的生产任务分散到全球，并根据事先达成的协议将产品运往国际市场。长期以来，洗手液、个人防护设备和呼吸机一直被视为标准商品。近几十年来，大多数发达国家将这些商品的生产离岸或外包到发展中国家，而中国是主要的生产基地。

突如其来的新冠疫情所引发的两个转折，凸显了医疗用品供应过度依赖中国的内在风险。首先，新冠疫情的暴发引发了对个人防护设备、呼吸机和其他基本医疗用品需求的激增，在短期内立即造成短缺。依赖进口的国家震惊地发现，由于缺乏基本的生产设施，它们无法在短期内增加这些产品的生产，不得不从国外主要是中国进口这些产品。

其次，由于主要供应国中国，首先受到病毒的袭击，预期中的平稳和可持续的供应链中断了。武汉的封城和中国全国范围内严格的隔离政策，在当时比较严重地干扰了中国工厂的生产。更为麻烦的是，中国在抗击新冠疫情扩散时，对个人防护设备和呼吸机的需求也呈天文数字增长。当时中国政府不得不优先满足对这些产品的国内需求。中国制造的商品在一定程度上瞬间演变为"中国使用"，这进一步加剧了这些商品在全球范围内的短缺。例如，加拿大口罩制造商Medicom集团不得不将其上海工厂生产的口罩，优先出售给上海本地使用（Imahashi 和 Phoonphongphipha，2020），这在一定程度上凸显了依赖中国作为全球供应商的内在风险。

事实上，在疫情期间，许多国家和地区都干预了医疗用品供

## 第八章 贸易摩擦与新冠疫情大流行：以中国为中心的全球价值链上的挑战

应链的运作。因担心口罩短缺，台湾地区在2020年1月禁止口罩出口。当时，新加坡政府下属公司ST科技在台湾地区有两条口罩生产线。武汉暴发新冠疫情之后，新加坡政府要求该公司加大口罩生产力度。ST科技生产的口罩，原计划在2020年中国农历新年后运出，但由于台湾地区的禁令，这些口罩无法按计划好的时间运出。作为变通之策，ST科技将生产线转回新加坡（Sim，2020）。同样的事情也发生在美国。美国前总统特朗普试图利用《国防生产法》阻止美国3M公司向加拿大和欧洲运送N95口罩，而加拿大和欧洲都没有生产口罩的设施。

此外，中国一直是全球原料药的主要出口国。在疫情中心湖北省，有44家制药厂获得了美国食品和药品管理局或欧洲对应机构的批准，为美国和欧洲市场生产医药产品。其中，35家是原料药生产企业。这些工厂的关闭扰乱了药品供应链，有可能造成依赖中国产原料药的药品的短缺。在美国，80%的抗生素来自中国，这包括95%的布洛芬、91%的氢化可的松和45%的青霉素（McGinley和Johnson，2020）。印度作为全球最大的仿制药制造国，其本国制药业使用的原料药有70%是从中国采购的。因担心原料药供应中断，印度政府限制用中国产原料药生产的药品出口（Ellis-Petersen，2020）。就像美国前总统特朗普倡导的"美国优先"运动一样，世界各地的主权政府，都将本国人民的福祉放在首位。因此，当出现与流行病相关的医药用品短缺时，要求国内生产的商品首先服务于国内需求，这是很自然的事。但是，这种政府干预，会危及那些没有国内生产设施、严重依赖从外国进口医药用品的国家。

各国对由新冠疫情大流行导致的医疗物品短缺的反应各不相同。疫情发生后，法国财政部长布鲁诺·勒梅尔（Bruno Lemaire），呼吁重新思考全球化问题，并批评欧洲对中国的过度依赖是"不负责任和不合理的"，而他曾一度是自由和无节制竞争的热心倡导者。代表仿制药行业的欧洲药品协会主席克里斯托弗·斯托勒（Christoph Stoller）则敦促欧洲制药厂，将基本原料药的生产转移回欧洲（Lorin，2020）。

英国首相鲍里斯·约翰逊（Boris Johnson）启动了一个代号为"捍卫计划"（Project Defend）的项目，指示其政府调查英国对中国供应商在医疗用品、药品和其他战略性进口产品上的依赖情况，以结束对中国产医药用品的过度依赖。"捍卫计划"是英国外交大臣多米尼克·拉布所领导的新的广泛的国家安全策略的一部分（路透社，2020）。

美国前贸易代表莱特希泽（Robert Lighthizer）表示，"过度依赖其他国家作为廉价医疗用品和供应商的来源，造成了美国战略上的脆弱性"。美国前总统特朗普的顾问彼得·纳瓦罗（Peter Navarro）一直在呼吁供应链的重新回流。他将此次疫情描述为对美国的警钟，呼吁美国减少对自中国进口的药品和医疗用品的依赖（William，2020）。2020年8月6日，美国前总统特朗普签署行政命令，要求美国联邦政府机构购买美国制造的基本药品、医疗设备和防护装备。该行政命令旨在将药品和医疗用品的供应链带回美国，以确保美国经济的独立性，结束对中国的依赖（Levy 和 Hopkins，2020）。拜登政府在 2021 年 6 月发布的报告"建设有韧性的供应链，复兴美国的制造业，培育全方位增长"中认为，缺乏生产基本抗生素的能力，会破坏美国抵御流行性疾病和生化恐怖袭击的能力；美国必须加强基本医药和原料药的产能，并通过政府采购的方式支持美国制造。

日本政府推出了两万亿日元的经济刺激计划，以应对疫情对经济的负面影响。在这个刺激方案中，日本政府拨出 2456 亿日元，帮助日本企业将中国的生产设施迁回国内，或迁移到东盟国家。日本政府承诺，如果日本企业将生产口罩、消毒剂、呼吸机、ECOM 等人类健康所必需的医疗用品的医疗设备迁回国或者迁到东盟国家，政府将支付一半至三分之二的搬迁费用。另外，如果日本企业在国内扩大高度依赖进口的原料药的生产能力，日本政府将对其所需投资额的 50% 进行补贴。在 2020 年 6 月结束的第一轮申请中，日本政府批准了 57 个调整供应链的项目，资助总额 574 亿日元，用于将生产设施转移回日本或者转往东盟国家。在 7 月结束的第二轮申请中，共有 1670 个项目申请，申请补助的总额约 1.76 万亿日元，是剩余的预算金额的 11 倍（Akiyama，2020）。为了扩大实现供应链多样化的目的地，日本政府将印度和孟加拉国增列为日本企业可以转移供应链的地方。在日本政府宣布这个决定后，印度总理纳伦德拉·莫迪在美国—印度战略伙伴论坛上发表讲话时呼吁，要在信任和稳定的基础上重塑全球供应链，而不仅仅是注重成本效益（Sharma 和 Takako，

2020)。

毫无疑问,如果医疗用品和药品的供应链从中国转移到日本、英国和美国,生产成本将会上升。生产这些产品的经济效益的损失将是回流的内在成本。然而,主权政府总是将国家安全置于经济效益之上。粮食和能源一直被认为是对一个国家安全至关重要的常规战略商品。几乎所有的国家都努力将保持粮食自给自足、建立石油储备作为预防措施,而不考虑相关的经济效益。医疗设备和药品从来没有被列入对国家安全至关重要的商品清单。新冠疫情大流行期间基本医疗用品的短缺,给所有主权政府上了一课:依靠全球价值链来供应基本医疗用品是危险的。未来,越来越多的主权政府将把医疗用品和基本药物视为与粮食和能源同等重要的商品,将其列入国家安全所必需的产品清单。个人防护设备、呼吸机、原料药等基本医疗用品生产的回流,有望成为全球价值链重组新趋势的一部分。而旨在减少对中国医疗用品依赖的全球价值链重组,将不可避免地削弱中国在全球价值链中的核心地位。

## 结　论

在过去40年里,跨国公司主导的全球价值链在世界范围内的发展,促进了中国的工业化,孕育了中国的出口奇迹。但是,全球价值链战略并非没有风险。自然灾害和地缘政治的紧张局

### 第八章 贸易摩擦与新冠疫情大流行：以中国为中心的全球价值链上的挑战

势，很容易扰乱全球价值链的平稳运行。目前，以中国为中心的全球价值链，面临两个主要的风险：中美贸易摩擦和新冠疫情大流行。追求分散化的全球生产中经济利益最大化的动机，推动了全球价值链在世界范围内的扩散，但跨国公司没有充分考虑到与之相伴的风险，而这些风险可能会突然破坏全球价值链的可靠性和正常运作。迄今为止，对许多跨国公司而言，中美贸易摩擦和新冠疫情的大流行已经威胁到以中国为全球价值链中心所带来的经济效益。为了平衡风险和收益，跨国公司将对价值链的地理分配进行调整，这将决定全球价值链未来的发展轨迹。

美国政府对价值2500亿美元的中国商品征收25%的关税，迫使一些跨国公司将产能转移出中国，或减少采购中国生产的商品。新冠疫情的经验表明，供应链的多元化对于应对突发自然灾害至关重要。价值链中的某一环节的中断，无论其技术重要性如何，都会导致该价值链中的所有企业停产。医疗用品如消毒剂、个人防护设备、呼吸机、原料药等，对保护人类健康至关重要，将被列入每个国家的国家安全必需品清单，获得与粮食、能源等同等重要的地位。通过生产回流减少对全球价值链的依赖，将成为新的趋势。美国拜登政府拨款2500亿美元，加强半导体、大容量电池、关键原材料，以及医药和原料药生产的努力，会进一步助推中美两国在关键科技产业脱钩的趋势。这些具有大概率可能性的预测表明，中国作为全球价值链中主要供应国的重要性，未来可能会逐渐降低。

对于华为等被美国政府列入实体名单的中国高科技企业来

说，美国政府限制中国企业采购和使用美国技术，意味着这些企业的全球价值链战略或将终结。这些高科技企业将不得不在对未来发展至关重要的领域，包括信息和通信技术产业的核心技术、人工智能和生物技术等方面进行大规模的研发投资，以谋求自给自足。中美两国在科技产业价值链的合作面临更为严峻的挑战。中国企业一度可以轻而易举地利用美国技术实现自身工业化和赶超的时代，或许已结束。

# 参考文献

Adams, G.F., Ganges, B. and Shachmurove, Y. (2006), "Why is China so competitive? Measuring and explaining China's competitiveness", *World Economy*, 29(2): 95–122.

Adler, G., Meleshchuk, S. and Buitron, C. O. (2019), "Global value chains and external adjustment: do exchange rates still matter?", *IMF Working Paper*, WP/19/300.

Ahmed, S, Appendino, M.and Ruta, M. (2015), "Global value chains and the exchange rate elasticity of exports", *IMF Working paper*, WP/15/252.

Akiyama, H (2020). "Japan companies line up for 'China exit' subsidies to come home", *Nikkei Asian Review*, 09/09/2020.

American Chamber of Commerce in China (2019), *Joint Press Release*, May 22, 2019.

American Chamber of Commerce Shanghai (2020), "Supply chains and factory openings: an AmCham Shanghai mini-Survey", https://www.amcham-shanghai.org/en/preview, accessed on Feb. 28, 2020.

Apple (2020), "Press Release: Investor update on quarterly guidance", Feb. 17, 2020.

Baldwin, R (2016), "The Great Convergence: Information Technology and the New Globalization", Harvard University Press, Cambridge.

Baldwin, R (2018), "A long view of globalization in short: the new globalization, part 5 of 5", *VOXEU*, Dec.5, 2018.

Baldwin, C. Y. and Clark, K. B. (1997), "Managing in an age of modularity", *Harvard Business Review*, September–October, 1997.

Backer, K. D. (2011), "Global Value Chains: Preliminary evidence and policy issues", http://www.oecd.org/industry/ind/47945400.pdf ( accessed on Feb. 14, 2020).

Basker, E. and Pham, V. H. (2007), "Wal-Mart as catalyst to U.S.-China trade", available at SSRN: https://ssrn.com/abstract=987583.

Bayard, K., Byrne, D. and Smith, D. (2015), "The Scope of U.S. factoryless manufacturing", in S.N.Houseman and M.Mandel (eds.), *Measuring Globalization: Better Trade Statistics for Better Policy*, Volume 2, Upjohn Institute for Employment Research.

Beeny, T., Bisceglie, J., Wildasin, B. and Cheng, D. (2018), "Supply chain vulnerabilities from China in U.S. Federal information and communications technology", U.S.-China

Economic and Security Review Commission, US House of Representatives.

Bems, R. and Johnson, R. (2012), "Value-added exchange rates", *VOXEU*, December.6, 2012

Berger, B. and Martin, R. F. (2013), "The Chinese export boom: an examination of the detailed trade data", *China and the World Economy*, 21 (1): 64-90.

Bernanke, S. B. (2005), "The global saving glut and the US current account deficit", Remarks at the Sandridge Lecture, Virginia Association of Economists, Richmond, Virginia.

Bernanke, S. B. (2009), "Financial reform to address systemic risk", Speech at the Council on Foreign Relations, Washington D.C., 10 March.

Bernard, A. B., Jensen, J. B., Redding, S. J. and Schoott, P. K. (2010), "Wholesalers and retailers in US Trade", *American Economic Review*, 100 (2): 408-13.

Bloomberg (2019a), "No pay, no Gain: Huawei outspends Apple on R&D for a 5G Edge", https://www.bloomberg.com/news/articles/2019-04-25/huawei-s-r-d-spending-balloons-as-u-s-tensions-flare-over-5g, accessed on July 18, 2019.

Bloomberg (2019b), "Huawei braces for phone sales drop of up to 60 million overseas", June 17, 2019, https://www.bloomberg.com/news/articles/2019-06-16/huawei-braces-for-a-steep-drop-in-overseas-smartphone-sales.

Bongiorni, S. (2008), *A Year Without "Made in China": One Family's True Life Adventure in the Global Economy*, Wiley, Hoboken.

Bordo, M. D. and McCauley, R. N. (2017), "Triffin: dilemma or myth?", *BIS working paper*. No. 684, 19 December, 2017. https://www.bis.org/publ/work684.htm.

Boston Consulting Group (2020), "The Imapct of COVID-19 on the Chinese automobile industry", June 1, 2020.

Branstetter, L. and Lardy, N. (2006), "China's embrace of globalization", *NBER Working Paper* 12373.

Brambilla, I, Khandelwal, A. K. and Schoot, P. K. (2009), "China's experience under the Multiber Arrangement (MFA) and the Agreement on Textiles and Clothing (ATC)", in R. Feenstra and S. Wei (eds.), *China's Growing Role in World Trade*, University of Chicago Press, Chicago.

Brandt, L L. and Thun, E. (2011), "Going Mobile in China: Shifting Value Chains and Upgrading in the Mobile Telecom Sector", *International Journal of Technological Learning, Innovation and Development*, 4:148-180.

Bronnenberg, B. J., Dubé, J. H. and Gentzkow, M. (2012) , "The evolution of brand preferences: evidence from consumer migration", *American Economic Review*, 102(6): 2472-2508.

Candytech (2020), "Smartphone market share India—2020 (Samsung loses, Xiaomi and

## 参考文献

Realme Gains)", https://candytech.in/smartphone-market-share-india/.

China Daily (2019), "Ten policies and measures on foreign investment", Nov. 11, 2019, https://www.chinadaily.com.cn/regional/2019-11/28/content_37526187.htm.

China State Council (2015). "Made in China 2025", http://www.gov.cn/zhengce/content/2015-05/19/content_9784.htm.

Chen, S. and Wen, P. (2013), "The development and evolution of China's mobile phone industry", *Working paper series*, No. 2013-1, Chung-Hua Institution for Economic Research.

Chen, T. and Li, L. (2020), "Google, Microsoft shift production from China faster due to virus", *Nikkei Asian Review*, Feb. 26, 2020.

Cheung, Y., Chinn, M. D. and Qian, X. (2015), "China-US trade flow behavior: the implications of alternative exchange rate measures and trade classifications", *Review of World Economics*, 152(1): 43-67.

Cline, W. R. (2010), "Renminbi undervaluation, China's surplus, and the US trade deficit", *Policy Brief*, No. PB10-20, Peterson Institute for International Economics.

Chipman, I. (2019), "The power of brands, conscious and unconscious", *Knowable Magazine*, Feb. 2, 2019.

Chow, G. C. (1994), "Understanding China's Economy", World Scientific, Singapore.

Counterpoint (2019), "Global smartphone market share by quarter", https://www.counterpoint-research.com/global-smartphone-share/, accessed on 11 July, 2019.

Counterpoint (2020a), "China smartphone market share: by quarter", https://www.counterpointresearch.com/china-smartphone-share/.

Counterpoint (2020b), "Global smartphone market share: by quarter", https://www.counterpointresearch.com/global-smartphone-share/#:~:text=Q4%202019%20Highlights&text=Global%20smartphone%20shipments%20reached%20401,other%20brands%20to%20compete%20fiercely.

Credit Suisse (2010), "The Power of Brand Investing", Credit Suisse Research Institute, Zurich.

Dai, M., Marita, M. and Yu, M. (2016), "Unexceptional exporter performance in China? The role of processing trade", *Journal of Development Economics*, 123: 177-189.

The Economist (2009), "When a flow becomes a flood", *Economist*, 24 January, 2009.

Edmonds, C. M., Croix, S. J. and Li, Y. (2006), "China's Rise as an International Trading Power", East-West Center, Honolulu.

Ellis-Petersen, H. (2020), "India limits medicine exports after supplies hit by coronavirus", https://www.theguardian.com/world/2020/mar/04/india-limits-medicine-exports-coronavirusparacetamol-antibiotics.

Dedrick, J., Kraemer, K.L. and Linden, G. (2010), "who profits from innovation in global value chains? : a study of the iPod and notebook PCs", *Industrials and Corporate Change*, 19(1): 81–116.

ESCAP (2015), "Asia-Pacific Trade and Investment Report 2015".

Egan, M. L. and Mody, A. (1992), "Buyer-seller links in Export Development", *World Development*, 20(3): 321–334.

Engel, C. (2006), "Equivalent Results for Optimal Pass-Through, Optimal Indexing to Exchange Rates, and Optimal Choice of Currency for Export Pricing", *Journal of European Economic Association*, 4(6): 1249–1260.

Feldstein, M.and C., (1980), "Domestic saving and international capital flows", *Economic Journal*, Vol. 90:314–329.

Ferguson, N. and Schularick, M. M. (2009), "The end of Chimerica", *Harvard Business School BGIE Unit Working Paper* No. 10–37.

Finder (2019), "iPhone sales statistics: Just how popular is Apple's smartphone in the US?", https://www.finder.com/iphone-sales-statistics, accessed on September 20, 2019.

Frankel, J. (2009), "Eight reasons we are given not to worry about the U. S. Deficits", *Working paper* No. 58, the Commission on Growth and Development.

Gereffi, G. (1999), "International trade and industrial upgrading in the apparel commodity chain", *Journal of international Economics*, 48: 37–70.

Gereffi, G. and Christian, M. M. (2009), "The Impacts of Wal-Mart: The Rise and Consequences of the World's Dominant Retailer", *Annual Review of Sociology*, Vol. 35, August.

Gereffi, G. and Fernandez-Stark, K. (2011), "Global value chain analysis: a primer", Center on Globalization, Governance and Competitiveness, Duke University, Durham.

Gereffi, G., Humphrey, J., and Sturgeon, T. (2005), "The governance of global value chains", *Review of International Political Economy*, 12(1): 78–104.

Godin, B. (2006), "The linear model of innovation: The historical construction of an analytical framework", *Science, Technology, and Human Values*, 31(6): 639–667.

Goldberg, L. S., and Tille, C. (2005), "Vehicle currency use in international trade", NBER working paper No. 11127. Cambridge, MA: NBER.

Goldberg, P. K., and Knetter M. M., (1997), "Good prices and exchange rates: What have we learned", *Journal of Economic Literature* XXXV, (Sept. 1997): 1243–1272.

Goldstein, M. and Lardy, N. (2009), "China's Exchange Rate Policy Dilemma", *American*

## 参考文献

*Economic Review*, 96(2):422–426.

Grossman G. M. and Rossi-Hansberg, E. (2008), "Trading tasks: a simple theory of offshoring", *American Economic Review*, 98(5): 1978–1997.

Grimes, S. and Sun, Y. (2016), "China's Evolving Role in Apple's Global Value Chain", *Area Development and Policy*, 1(1), pp. 94–112.

Horiuchi, J. (2020), "Japan firms weigh production shift out of China as virus wreaks havoc", *Kyodo News*, Feb. 7, 2020.

Hoshi, M., Nakafuji, R. and Cho, Y. (2020), "China scrambles to stem manufacturing exodus as 50 companies leave", *Nikkei Asian Review*, July 18, 2019.

Hu, Z. F. and Khan, M. (1997), "Why is China Growing So fast?", *IMF Staff Papers*, 44 (1): 103–131.

Hu, J., Wan, H. and Zhu, H. (2011), "The business model of a Shanzhai mobile phone firm in China", *Australian Journal of Business and Management Research*, 1 (3), pp. 53–61.

IDC (2018), "Lenovo reclaims the #1 spot in PC ranking in Q3 2019", https://www.idc.com/getdoc.jsp?containerId=prUS44385418, accessed on 11 July, 2019.

Imahashi, R. and Phoonphongphiphat, A. (2020), "Mask makers contend with new risk in Asia: state intervention", *Nikkei Asian Review*, March 3, 2020.

Inomata, S. (2017), "Analytical frameworks for global value chains: an overview", in *Global Value Chain Development Report 2017: Measuring and Analyzing the Impact of GVCs on Economic Development*, World Bank.

Isaacson, W. (2011), *Steve Jobs*, Simon & Schuster, New York.

Johnson, R. C. and Noguera, G. (2012), "Accounting for intermediates: production sharing and trade in value added", *Journal of International Economics*, 86:224–236.

Kaplinsky, R. (2000), "Globalization and Unequalization: what can be learned from value chain analysis?", *The Journal of Development Studies*, 37(2): 117–142.

Kaplinsky, R. (2013), "Global value chains, where they came from, where they are going and why this is important", *Working Paper No. 68*, November, 2013, Development Policy and Practice, The Open University.

Kapadia, S. (2020), "From section 301 to COVID-19: how a volatile China changed supply chains", *Supply Chain Dive*, https://www.supplychaindive.com/news/coronavirus-china-tariff-trade-supply-chains/574702/.

Kearney (2020). "Trade war spurs sharp reversal in 2019 reshoring index, foreshadowing Covid-19 test of supply chain resilience", https://www.kearney.com/operations-performance-transformation/article/?/a/trade-war-spurs-sharp-reversal-in-2019-

reshoring-index-foreshadowing-covid-19-test-of-supply-chain-resilience-full-report.

Koizumi, H., Hosokawa, K. and Tabeta, S. (2020), "Automakers count down to looming China parts shortage", *Nikkei Asian Review*, Feb. 5, 2020.

Kowalski, P., Gonzalez, J. L., Ragoussis, A. and Ugarte, C. (2015), "Participation of developing countries in global value chains: implication for trade and trade related policies", *OECD Trade Policy Papers*, No. 179.

Krugman, P. (2010), "Taking on China", *New York Times*, March 14, 2010, https://www.nytimes.com/2010/03/15/opinion/15krugman.html?src=me.

Lardy, N.R. (2000), "Permanent normal trade relations for China", *Policy Brief*, May 8, 2000, The Brookings Institution.

Lardy, N.R. (2003), "Trade Liberalization and Its Role in Chinese Economic Growth", Institute for International Economics, Washington D. C.

Levy, R. and Hopkins, J. (2020), "Trump signs executive order to boost U.S. production of essential medicine", *Wall Street Journal*, Aug. 6, 2020.

Li, L. (2020), "Foxconn planning for 'inevitable' split between US–China markets", *Nikkei Asian Review*, Aug. 12, 2020.

Li, K. and Cheng, T. (2019), "Apple Weights 15%–30% Capacity Shit out of China", *Nikkei Asian Review*, July 19, 2019.

Li, Y. (2019), "Be vigilant on the evolution of the trade war into a financial war", June 10, 2019, https://www.acfic.org.cn/fgdt1/zjgd/201906/t20190610_128556.html。

Lin, J. Y., Cai, F. and Li, Z. (2003), *The China Miracle*, the Chinese University Press, Hong Kong.

Lorin, V (2020), "The 'irresponsible' reliance of European big pharma on China", *European Data Journalism Network*, March 11, 2020.

Lu, D. (2010), "Exceptional exporter performance? Evidence from Chinese manufacturing firms", http://economics.yale.edu/sites/default/files/files/Workshops-Seminars/International-Trade/lu-111130.pdf.

Luo, X. and Xu, X. (2018), "Infrastructure, value chains and economic upgrades", *Journal of Infrastructure, Policy and Development*, 2(2): 1–32.

Ma, H., Wang, Z. and Zhu, K. (2015), "Domestic content in China's exports and its distribution by firm ownership", *Journal of Comparative Economics,* 43(1): 3–18.

Maddison, A. (2001), *The World Economy: a Millennial Perspective*, OECD, Paris.

Malikov, E., Zhao, S. and Kumbhakar, S. C. (2017), "Estimation of firm-level productivity in the presence of exports: evidence from China's manufacturing", working paper.

**参考文献**

Marandi, R. (2020), "'Made in India' iPhone 11 goes into production in Chennai", *Nikkei Asian Weekly*, July 28, 2020.

Marchi, V. D., Giuliani, E.and Rabellotti, R. (2017), "Do global value chains offer developing countries learning and innovation opportunities?", *European Journal of Development Research*, December 17.

Marquez, J. and Schindler, J. (2007), "Exchange Rate effects on China's Trade", *Review of International Economics*, 15(5): 837–853.

McGinley, L. and Johnson, C. Y., "Coronavirus raises fears of U. S. drug supply disruptions: Many pharmaceuticals active ingredients are made in China", *Washington Post,* Feb. 27, 2020.

McKinnon, R. (2010), "A reply to Krugman", *International Economy: the Magazine of International Economic Policy*, Winter.37–39.

Meri, T. (2009), "China passes the EU in high-tech exports", *Science and Technology, Eurostat Statistics in focus*.

Merie, R. (2018), "A guide to the financial crisis", *Washington Post*, Sept. 10, 2018. https://www.washingtonpost.com/business/economy/a-guide-to-the-financial-crisis--10-years-later/2018/09/10/114b76ba-af10-11e8-a20b-5f4f84429666_story.html.

Melitz, M. J. (2003), "The impact of trade on intra-industry reallocations and aggregate industry productivity", *Econometrica*, 71 (6):1695–1725.

Morrison, W. M. (2018), "China-U.S. Trade Issues", Congressional Research Service report, July. 30, 2018.

Morrison, A., Pietrobelli, C. and Rabellotti, R. (2008), "Global value chains and technological capabilities: A framework to study learning and innovation in developing countries", *Oxford Development Studies*, 36(1): 39–58.

Morrison, W.M. (2018), "China-U. S. trade issues,"Congressional Research Service report, July. 30, 2018.

Murayama, K. and Regalado, F. (2019), "Apple CEO looks at 'all countries' to pick best suppliers,"*Nikkei Asian Review*, December 11, 2019.

Nakafuji, R. and Moriyasu, K. (2020), "Multinationals reroute supply chains from China—for good?", *Nikkei Asian Review*, Feb. 15, 2020.

Naughton, B. (1996), "China in the world economy", *Brookings Papers on Economic Activities*: 2273–344.

Nikkei (2020), "Japan reveals 87 projects eligible for 'China exit' subsidies", *Nikkei Asian Review*, July 17, 2020.

Nordas, H. K. (2008), "Gatekeepers to consumer markets: The role of retailers in international trade", *The International Review of Retail Distribution and Research*, 8(5): 449–472.

Obstfeld, M. and Rogoff, K. (2009), "Global imbalances and the financial crisis: products of common causes", Paper Prepared for the Federal Reserve Bank of San Francisco Asia Economic Policy Conference, Santa Barbara, CA, October 18–20, 2009.

OECD (2015), "Participation of developing countries in global value chains: Trade and Trade Relate Policies", OECD, Paris.

OECD and WTO (2012), "Trade in value-added: concepts, methodologies and challenges", https://www.oecd.org/sti/ind/49894138.pdf ( accessed on Feb 14, 2020).

Okada, E. (2020), "Mazda delays restart of Chinese factories amid coronavirus threat", *Nikkei Asian Review*, Feb. 12, 2020.

Onish, T. and Okutsu, Akane (2020), "Southeast Asia's garment supply chain torn up by virus", *Nikkei Asian Review*, February 21, 2020.

Pierce, J. R. and Schott, P. K (2016). "The Surprisingly Swift Decline of U.S. manufacturing employment", *American Economic Review*, 106 (7):163–62.

Portes, R. (2009), "Global imbalances", in M. Dewatripont, X. Freixas, and R. Portes (eds.), *Macroeconomic stability and financial regulation: Key issues for the G20*, Centre for Economic Policy Research.

Powers, W.and Riker, D. (2013), "Exchange rate pass-through in global value chains: the effects of upstream suppliers", No. 2013-02B, *Office of Economics Working Paper*, U.S. International Trade Commission.

Prasad, E. (2009), " Is the Chinese growth miracle built to last?", *China Economic Review*, 20(1): 103–123.

Raj-Reichert, G. (2019), "Global value chains, contract manufacturers, and the middle-income trap: the electronics industry in Malaysia", *The Journal of Development Studies*, 56(4): 698–716.

Ren, Z. P. (2018), "Seven reasons causing China–U.S. trade imbalance, which cannot be solved by a trade war", *Sina Finance*, April 1, 2018. https://finance.sina.com.cn/stock/marketresearch/2018-04-01/doc-ifysuxyz4050248.shtml.

Reuters (2020), "UK PM Johnson orders for plans to end reliance on Chinese imports: The Times", *Reuters*, May 22, 2020.

Rodrik, D. (2006), "What's so special about China's exports?", *China & World Economy*, 14(5), 1–19.

Russell, C. (2019), "Adidas or Nike? Which retail giant is winning the sneakers war?", *Forbes*, Aug. 22, 2019.

## 参考文献

Salam, R. (2020), "Normalizing Trade Relations with China was a mistake", *The Atlantic*, June 8, 2018, https://www.theatlantic.com/ideas/archive/2018/06/normalizing-trade-relations-with-china-was-a-mistake/562403/.

Scott, R. E. (2015), "A conservative estimate of the Wal-Mart effect", *Economic Policy Institute*, Dec. 9, 2015.

Sese, S. (2019), "Japan Inc. to speed up China exit in response to more tariffs", *Nikkei Asian Review*, August 5, 2019.

Sharma, K. and Gakuto, T. (2020), "Modi calls for 'trustworthy' supply chains, in alternative to China", *Nikkei Asian Review*, September 4, 2020.

Shimizu, K. (2020), "Huawei ban puts $26bn at risk for Japan, South Korea and Taiwan", *Nikkei Asian Review*, September 10, 2020.

Sim, D. (2020), "Singapore's Ho Ching thanks friends in Taiwan' after quibble over masks donation", *South China Morning Post*, April 13, 2020.

Sturgeon, T. J. and Kawakami, M. (2010). "Global value Chains in the electronics industry: was the crisis a window of opportunity for developing countries?", *Policy Research Working Paper*, No. 5417, the World Bank.

Sturgeon, T. J., Nielsen, P. B., Linden G., Gereffi, G. and Brown, C. (2013), "Direct measurement of global value chains: collecting product- and firm-level statistics on value added and business function outsourcing and offshoring", in A. Mattoo, Z. Wang and S. Wei (eds), *Trade in Value Added Developing New Measures of Cross-Border Trade*, The World Bank.

Sun, S. L., Chen, H. and Pleggenkuhle-Miles, E. (2010), "Moving upward in global value chains: The innovations of mobile phone developers in China", *Chinese Management Studies*, June 2010.

Tan, J. (2020), "Anti-Huawei tech bans will hurt US more than China", *Nikkei Asian Review*, May 19, 2020.

Tanaka, A. (2019), "Teardown of Huawei latest model shows reliance on US sourcing", *Nikkei Asian Review*, June 26, 2019.

Thelle, M. H. (2012), "Unchaining the Supply Chain: How Global Branded Clothing Firms are Contributing to the European Economy", *Copenhagen Economics*, Copenhagen.

Thorbecke, W. (2006), "How would an appreciation of the Renminbi affect the U. S. trade deficit with China?", *The BE Journal of Macroeconomics*, 8: 1-5.

Thorbecke, W. and Smith, G. (2010), "How would an appreciation of the Renminbi and the East Asian Currencies affect China's Exports?", *Review of International Economics*, 18(1): 95-108.

UNCTAD (2013), "Global Value Chains and Development: investment and value added trade in the global economy", UNCTAD, Geneva.

UNCATD (2014), "Global Imports of Information Technology Goods Approach $2 trillion, UNCTAD figures show", https://unctad.org/news/global-imports-information-technology-goods-approach-2-trillion-unctad-figures-show.

UNIDO (2019), "Global Value Chains and Industrial Development: lessons from China, South-east and South Asia", UNIDO, Vienna.

U. S. Department of Commerce (2019), "Department of Commerce Announce the addition of Huawei technologies Co. Ltd to the Entity List", May 15, 2019.

U. S. Department of Commerce (2020), " Commerce Addresses Huawei's efforts to undermine entity list, restricts products designed and produced with U.S. technologies", May 15, 2020,

U. S. Department of Treasury (2019), "Treasury designates China as a currency manipulator", Aug 5, 2019.

Wakasugi, R. and Zhang, H. (2015), "Impacts of the World Trade Organization on Chinese exports", *RIETI Dicussion Paper Series*, 15-E-021.

Wang, Y. (2006), "Cheap Labor and China's export capacity", in K. H. Zhang (ed.), *China as the World Factory*, Routledge, 69-82.

Wang, Y. (2016), "OPPO Explained: How a little-Known Smartphone Company Overtook Apple in China", *Forbes*, July 22, 2016.

Wang Z. (1995), "The potential trade triangle among 'Greater China', Japan and the United States", Paper presented at the Conference of "Challenges to the World trade Organization – Regionalism, labor and environmental standards", January. 13, 1995, Hague, The Netherlands.

Whalley, J. and Xin, X. (2010), "China's FDI and non-FDI economies and sustainability of high Chinese growth", *China Economic Review*, 21(1): 123-135.

White House (2018), "President Donald J. Trump is confronting China's Unfair Trade Policies", May 29, 2018.

Williams, A. (2020), "U.S. lawmakers push to reclaim medical supply chains from China,"*Financial Times*, April 2, 2020.

World Bank (2017), " Global Value Chain Report 2017: Measuring and Analyzing the Impact of GVCs on Economic Development", World Bank, Washington D.C.

World Bank (2019), " Global Value Chain Development Report 2019: The Technological Innovation, Supply Chain Trade and Workers in a Globalized World", World Bank, Washington D.C.

## 参考文献

World Bank (2020), "World Development Report 2020: Trading for Development in the Age of Global Value Chains", World Bank, Washington D.C.

WTO and IDE-JETRO (2011), "Trade Patterns and Global Value Chains in East Asia: from trade in goods to trade in tasks", WTO, Geneva.

Xing, Y. (2006a), "Why is China so attractive for FDI? The role of exchange rate", *China Economic Review*, 17 (2): 198–209.

Xing, Y. (2006b), "Exchange rates and competition for FDI in Asia", *The World Economy*, 29(4): 419–434.

Xing, Y. (2010), "Facts about and impacts of FDI on China and the world economy", *China: An International Journal*, 8(2): 309–327.

Xing, Y. (2012), "Processing trade, exchange rates and China's bilateral trade balances", *Journal of Asian Economics*, Vol. 23(5): 540–547.

Xing, Y. (2014), "China's high-tech exports: the myth and reality", *Asian Economic Papers*, 13(1): 109–123.

Xing, Y. (2018a), "Rising wages, yuan's appreciation and China's processing exports", *China Economic Review*, 48(c): 114–122.

Xing, Y. (2018b), "China-US trade war: A modern version of the Thucydides trap", *East Asian Policy*, 10(4): 5–23.

Xing, Y. (2020a), "How the iPhone widens the U.S. trade deficit with China: the case of the iPhone X", *Frontiers of Economics in China*, 15(4): 642–658.

Xing, Y (2020b), "Global Value Chains and the missing exports of the U.S.", *China Economic Review*, 61(article 101429).

Xing, Y. (2021), "Factoryless manufacturers and international trade in the age of global value chains", *GRIPS Discussion Papers* ,21-02, National Graduate Institute for Policy Studies, Tokyo.

Xing, Y. and Detert, N. (2010), "How the iPhone widens the United States trade deficit with the People's Republic of China", *ADBI Working Paper*, 257, Asian Development Bank Institute, Tokyo.

Xing, Y. and Huang, S. (2021), "Value captured by China in the smartphone GVC—A tale of three smartphone handsets", *Structure Change and Economic Dynamics*, 58 (c) 256–266.

Xinhua News (2019), "China ranked the No.1 recipient of FDI among developing countries for 27 years", October 30, 2019.

Yu, M. and Tian, W. (2019), "China's Processing Trade: a firm-level analysis", http://press-files.anu.edu.au/downloads/press/p182431/pdf/ch061.pdf.

Yu, Y. (2018), "A trade war that is unwarranted", *China & World Economy*, 26(5): 38-61.

Zebregs, H. and Tseng, W. S. (2020), "Foreign direct investment in China: some lesson for other countries", *IMF Policy Discussion Paper* No. 02/3.

Zhang, K. H. and Song, S. (2000), "Promoting exports: the role of inward FDI in China", *China Economic Review*, 11: 285-396.